나는 왜 도전을 멈추지 않는가

'아시아의 빌 게이츠 스티브 김'의 끝없는 도전

나는 왜 도전을 멈추지 않는가

초판 1쇄 인쇄일 2024년 12월 26일
초판 1쇄 발행일 2025년 01월 17일

지 은 이 스티브 김
펴 낸 이 양옥매
편   집 홍민지
디 자 인 표지혜
마 케 팅 송용호

펴낸곳 도서출판 책과나무
출판등록 제2012-000376
주소 서울특별시 마포구 방울내로 79 이노빌딩 302호
대표전화 02.372.1537 **팩스** 02.372.1538
이메일 booknamu2007@naver.com
홈페이지 www.booknamu.com
ISBN 979-11-6752-551-2 (03320)

나는 왜 도전을
멈추지 않는가

스티브 김 지음

'아시아의 빌 게이츠 스티브 김'의 끝없는 도전

책과나무

"같은 오늘을 다른 내일로 만들어 주는 매직(magic)"

황인홍

전북특별자치도 무주군 군수

*

"좋은 마음으로 좋은 일들을 오래오래 해 나가면 그렇게 되어 간다"
는 말의 의미를 스티브 김이 지나온 삶의 행간에서 찾게 됩니다.

《나는 왜 도전을 멈추지 않는가》의 발간을 축하하며 저자의 바람대
로 이 책이 자라나는 청소년과 이제 막 인생길을 찾기 시작한 대학생,
그리고 오늘도 꿈과 현실 사이에서 팽팽한 줄다리기를 하는 직장인 등
남녀노소 모두에게 유용한 멘토가 되기를 기원합니다.

혹자는 스티브 김을 보며 '다 이룬 사람'이라고 하지만 어쩌면 그는
아직도 이루어 갈 게 많은, 아직도 이루어 가는 중인 사람인지도 모르
겠습니다. 아직 그 안에는 열정이 살아 숨 쉬고 도전이 꿈틀거리고 있
기 때문입니다.

그 동력은 결핍을 희망으로 키워나간 저자의 노력에서 나오고 현실

에 안주하지 않는 도전 정신에서 나오며 그 정점에서 노블리스 오블리제(noblesse oblige)를 실천하는 이타심에서 나온다고 생각합니다.

무엇보다 국내외를 넘나들며 다양한 사람들과 나눈 '꿈과 희망, 미래'는 개인의 성공 신화를 넘은 '인류애'의 실현이라는 점에서 놀랍다는 말씀을 드리고 싶습니다.

'존경한다'는 말로는 부족한 그의 발자취와 삶의 방향이 험한 세상을 버티게 하는 힘이 되길 바라며 선한 영향력으로 세상을 이롭게 하기를 기원하겠습니다.

감사한 것은 '무주'도 스티브 김이 그리는 새로운 '꿈, 희망, 미래' 터전이 되었다는 겁니다. 아름답고 깨끗한 자연환경과 유서 깊은 역사·문화, 교육, 복지 등 자연특별시 무주가 가진 다양한 자원들이 귀하게 쓰이기를 바라며 스티브 김과 독자 여러분의 행복한 여정을 응원하겠습니다.

진솔하게 풀어낸 스티브 김의 삶이 행복한 미래를 꿈꾸는 독자들의 삶에도 새로운 도전으로 이어지기를 바랍니다.

추천의 글 2

김희수

건양교육재단 설립자 겸 건양대학교 명예총장

*

스티브 김과 나의 인연은 15년 가까이 된 것 같습니다.

그 당시 '아시아의 빌 게이츠'로 불리며 한국 사람으로서 미국 IT 업계에서 보기 드문 성공을 이루고 금의환향했음을 언론을 통해 알게 되었습니다.

가난한 나라의 젊은 청년이 단돈 200만 원을 손에 들고 미국으로 이민을 가 이뤄낸 결과가 궁금하기도 하고 우리 대학의 학생들에게 귀감이 될 것 같아서 서둘러 강연을 의뢰했습니다.

나는 교직원들과 함께 맨 앞자리에 앉아서 그의 강연에 귀 기울였고 할 수 있다는 자신감이 모든 불가능을 가능케 하는 시작임을 다시 한번 확인했습니다. 그리고 이것은 내가 평소에 중요하게 생각하고 실천해 온 철학이었기에 우리는 서로 잘 통했습니다.

그날 이후로 꿈희망미래의 셀프 리더십 교육을 우리 건양 대학교의 자랑인 동기 유발 학기 중 신입생 전원에게 실시했습니다. 그리고 스티브 김과 함께 각 강의실을 돌며 수료식을 지켜보았습니다.

서먹하고 어색했던 신입생들이 불과 3일 만에 자신감 넘치는 표정으로 환하게 밝아진 것을 두 눈으로 보고 '기적의 캠프'라고 하는 이유가 바로 여기에 있음을 알게 되었습니다.

이후 미국으로 다시 건너가 골프장을 인수하고 리조트 개발을 하느라 바쁜 중에도 한국에 나올 때면 꼭 나를 찾아와 근황을 나누곤 했습니다.

최근에는 무주에 드림 연수원을 건립하기까지 끊임없이 도전하는 모습을 가까이서 지켜보았습니다. 늘 호기심과 열정에 가득 차 있고 청소년뿐만 아니라 대한민국 국민 누구나 행복하길 바라며 자기의 시간과 돈을 아낌없이 쓰는 모습은 모든 사람에게 감동을 줄 것입니다.

그의 저서 《나는 왜 도전을 멈추지 않는가》에는 호기심에 가득 찬 도전과 열정, 그리고 두 번씩이나 창업을 성공적으로 마무리하기까지 솔직하고 흥미진진한 이야기들이 담겨 있습니다.

가난에서 벗어나고자 고군분투했던 우리 세대와 달리 선진국 대열에 우뚝 섰음에도 불구하고 각기 다른 상처와 결핍으로 힘들고 지친 사람들에게 용기와 위로를 줄 수 있을 것입니다. '가장 이타적인 것이 가장 이기적인 것이다'라는 생각으로 다른 사람 특히 도움이 필요한 사람을 늘 따뜻한 시선으로 바라보며 할 일을 찾는 스티브 김을 가까이서 지지하고 응원합니다.

이현모

한국침례신학대학교 명예교수

＊

한 사람이 인생에서 커다란 성공을 거두는 것은 쉽지 않은 일이지만 그 성공을 이어가는 삶을 사는 것은 더 어려운 일입니다. 분명한 가치관과 삶의 철학적 기초가 없이는 이루기 어려운 일입니다. 이런 사람이 있다면 그는 한 사회에서 탁월한 삶의 모델이 될 것입니다. 엄청난 정보의 홍수 속에 살지만 이런 삶의 모델을 찾아보는 것은 결코 쉬운 일이 아닙니다.

꿈희망미래 재단의 스티브 김 이사장은 이런 면에서 드문 성공 모델인지 모릅니다. 그의 회고록과 같은 이 책은 단순히 한 사람의 성공 이야기를 과시하려는 것이 아니라, 꿈을 잃은 세대들에게 새로운 도전과 희망을 나누고 싶은 저자의 간절한 심정이 느껴지는 책입니다. 좌절을 경험하면서 배운 귀한 교훈인 "결핍이 자신의 성공의 원동력"이었다는 고백과 성공을 위한 피나는 노력은 이 세대의 젊은이들에게 귀한 교훈이 될 것입니다.

그러나 미국이민 사회에서도 주목한 유례없는 큰 성공을 이루었지만 그 후에 경험한 허무함을 통해 '노블리스 오블리제'를 깨닫게 되는 과정은 더 귀한 교훈입니다. 다양한 장학 사업과 복지 사업, 해외 지원 사업을 통해 그가 배운 재물에 대한 관점은 '가장 이타적인 것이 가장 이기적인 것이다'라는 것이었습니다. 지혜로운 나눔이 행복한 삶의 중심임을 깨달은 것입니다.

코로나 사태 이후 다시 모국에 돌아온 그는 또 새로운 꿈을 꾸고 있습니다. 이번 증보판에서는 모든 세대에게 좀 더 좋은 환경 가운데서 힐링될 뿐 아니라 자신의 꿈을 키워가도록 돕기 위해 무주에 드림 연수원을 건축하는 이야기가 추가되었습니다. 모든 사람에게 행복한 경험을 제공하고 싶은 저자의 버킷 리스트가 담긴 내용입니다.

그는 이제 여생을 온 열정과 헌신을 다해 사람들을 위로하고 행복을 찾게 하는데 바친다고 합니다. 이 책을 회복을 원하고 희망을 찾고 싶은 모든 세대의 분들에게 적극 권하고 싶습니다.

변화와 도전을 추구하는 여정에서

졸저《나는 왜 도전을 멈추지 않는가》는 그동안 내가 살아온 이야기를 기록한 자서전 성격의 책이다. 이 책이 나오기 전, 2007년에 처음 출간된《꿈 희망 미래: 아시아의 빌 게이츠 스티브 김의 성공신화》를 통해 나의 어린 시절에서부터 몇 번의 창업과 경영에 이르기까지 인생 전반에 걸쳐 진솔하게 풀어냈으나 2014년 마지막 개정판을 낸 후로 새롭게 시도하고 경험한 일들이 독자들에게 제법 흥미로울 거라는 생각에 출판하기로 마음먹었다.

내게 있어서 삶은 '변화와 도전을 추구하는 여정'이라고 정의할 수 있다. 반복적인 일상에 적응하며 사는 대신 호기심에 대한 긴장을 늦추지 않고 새로운 도전으로 연결시켜왔다. 비록 해보지 않은 분야라도 겁을 내고 주춤하기보다는 과감하게 부딪치며 해결책을 찾는 데 열정을 쏟는 것이다. 목표를 정하고 최선을 다해 달려가는 과정에서 무엇으로도 대체할 수 없는 성취감을 느끼고 특별한 의미를 발견하곤 한다.

2007년, 30여 년의 미국 생활을 정리하고 한국에 왔을 때는 영구 귀국이라 생각하고 다시 미국으로 갈 거라고는 꿈에도 생각지 않았다. 그러다 친구와 함께 투자자로 참여하던 골프장이 경영난을 겪고 있다는 소식을 듣고 '내가 직접 운영 해볼까?' 하는 마음에서 2016년 미국으로 다시 건너갔다. 폐허가 되다시피 한 골프 코스를 정상화하고 더 나아가 두 곳에 리조트 개발을 시도하기까지 약 7년 동안 겪은 우여곡절과 시행착오 등을 이 책에 담았다.

특히 전북특별자치도 무주군에 '무주 드림연수원'을 건립하게 된 배경과 이 일에 쏟은 열정, 의미 등을 독자들과 나눔으로써 이곳 '무주 드림연수원'의 방문이 남녀노소 누구에게나 특별한 선물이 되길 바라는 마음이다.

2024년 겨울, 기대를 담아

스티브 김

목차

Chapter 1
희망을 찾아서

Chapter 2
더 나은 삶을 향한 끝없는 도전

Chapter 3
사람을 살리는 일, 꿈희망미래

Chapter 4
다시 찾은 기회의 땅, 미국

Chapter 5
가장 이타적인 것이
가장 이기적인 것이다

희망을
찾아서

*

집안을 선택해서 태어날 수 있는 사람은 아무도 없다

다만 자기에게 주어진 환경을

어떻게 이겨내고 극복할 것인가는

전적으로 자신의 선택과 의지에 달려 있다

예상치 못한 실패나 좌절을 경험하더라도

그것이 훗날 어떤 기회로 바뀔지 알 수 없으며

기회는 어디에나 있고 누구에게나 주어진다

*

나를 키운 것은 결핍이었다

　어린 시절을 돌이켜보면 가장 먼저 떠오르는 것은 '가난'이다. 젊었을 때 사업을 하시며 남부럽지 않게 살던 아버지는 해방 정국의 혼란과 뒤이어 터진 6·25 동란 속에서 모든 재산을 잃으셨다. 전쟁이 끝난 뒤 서울로 옮겨 와 이것저것 사업을 벌이며 정착하려 하셨으나 번번이 실패하다 결국 빚만 떠안게 되었다. 그로 인해 집안 형편은 점점 기울고 내가 11살 되던 해, 북한산 자락 아래 세검정으로 이사를 했다. 당시 세검정 일대는 온통 과수원으로 둘러싸인 가난한 동네였다.

　우리는 전기가 들어오지 않는 과수원집 셋방에서 촛불을 켜고 지냈다. 부모님과 누나 셋, 남동생까지 일곱 식구의 배를 채우기에는 쌀이 턱없이 부족해서 수제비가 주로 밥상에 올랐다. 가지고 놀 만한 변변한 장난감은 없었어도 집 밖으로 나가면 온 천지가 놀이터였다. 겨울에는 꽁꽁 언 개천에서 썰매를 타거나 얼음낚시를 하면서 놀았고, 토끼를 잡으러 친구들과 어울려 이산저산으로 몰려다녔다. 봄이 되면 과수원마다 꽃이 만발했고 앵두, 복숭아, 자두, 감 등 과일 서리를 해서 주린 배를 채웠다. 우리는 해가 질 무렵까지 뛰놀았다. 먹을 것도 부족하고 가난한 어린 시절이었지만 마냥 즐거웠다.

수도나 우물도 없어서 물을 쓰려면 공동 우물까지 내려가 물지게로 길어 와야만 했는데, 물지게는 박물관에나 가야 볼 수 있을 정도라 어떻게 생겼는지 모르는 사람도 많을 것 같다. 지게 양쪽 끝에 달린 양철통에 물을 가득 채워서 어깨 위로 메고 언덕을 오를라치면 한 발짝씩 뗄 때마다 물이 출렁거려 옷이 흠뻑 젖곤 했다. 지금 생각하면 11살 어린 나이였지만 가족들을 위해서 당연히 내가 해야 할 일이라고 생각했다.

누나에게 물려받은 교복

부모님은 내게 공부하라고 강요하거나 잔소리하지 않으셨다. 단지 매일 저녁상을 물리고 나서 어머니께서 조그만 쪽상을 펴 주시곤 하셨다. 낮에는 해가 떨어질 때까지 신나게 놀다 저녁이면 그날 배운 것을 복습하고 다음 날 배울 것을 미리 살펴봤다. 공부를 마치고 명작동화나 위인전을 읽느라 밤늦도록 쪽상 앞에 앉아있으면 어머니도 무슨 일거리든 붙잡고 내가 책을 덮을 때까지 항상 곁을 지켜 주셨다.

내가 다녔던 세검정초등학교는 한 학년에 한 반씩밖에 없었고 전교생이라고 해봐야 고작 120명에 불과한 작은 학교였다. 그때는 중학교에 입학할 때도 시험을 치러야 했는데 우리 학교에서 내가 처음으로 경복중학교에 합격했다. 그 당시 명문으로 소문난 경복중학교에 합격하자 소위 '개천에서 용이 났다'며 온 동네에 칭찬이 자자했다. 변변한 학용품도 없을 만큼 어려운 형편이었으나 어머니의 사랑과 정성이 나를 키운 것이다.

명문 경복중학교에 합격하고 나자 어깨가 으쓱해져서 은근히 학교 갈 날만을 기다렸다. 어느 날 어머니께서는 숙명여고를 졸업한 누나의 낡은 교복을 꺼내 놓고 재봉틀 앞에 앉으셨다. 밤새 재봉틀 소리가 드르륵드르륵 나는가 싶더니 다음 날 아침 허름한 교복 한 벌이 내 눈앞에 놓여있었다.

"윤종아, 한번 입어봐라. 일단 이거라도 입고 입학식에 가면 형편이 나아지는 대로 꼭 교복을 장만해 주마." 어머니의 떨리는 목소리와 함께 쑥 패인 눈에 빨갛게 눈물이 고였다. '밤새 누나의 교복을 고치며 얼마나 속이 상하셨을까?' 나는 어머니의 얼굴을 똑바로 바라볼 수가 없었다.

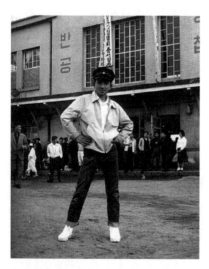

▲ 경복중 재학시절

'누나가 입었던 교복은 진한 청색이고 우리 학교 교복은 검은색이라 제 교복이 아니라는 걸 남들이 한눈에 알아볼 텐데…' 하는 생각과 함께 이토록 가난한 우리 집 형편이 참 부끄럽고 싫었다.

나를 공부하게 했던 힘, 어머니

  그 당시만 해도 여성들은 거의 고등교육을 받지 못했지만 우리 어머니 진정숙 여사는 경기여고를 졸업한 수재이셨다. 안타깝게도 6·25 전쟁 당시 피난길에서 척추 뇌수막염을 앓고 난 후로 오른쪽 다리를 절게 되셨는데 어머니는 불편한 몸을 아끼지 않고 하루 종일 집안 구석구석을 쓸고 닦으셨다. 살림은 비록 넉넉하지 못했을지라도 부지런하신 어머니 덕분에 우리 집은 항상 깨끗하게 정돈되어 있었고 늘 편안하고 안락했다.

  아버지께서 생활비를 제대로 벌어 오지 못해 5남매를 키우는 어머니의 고생은 이만저만이 아니었다. 어머니께서 애쓰시는 것을 보면 늘 마음이 아팠고 나도 뭔가 돕고 싶었지만 어린 내가 할 수 있는 것은 별로 없었다. '어떻게 하면 어머니를 기쁘게 해드릴 수 있을까? 공부밖에 없겠구나! 어머니께서는 우리를 위해서 저토록 고생하시는데, 나도 어머니를 위해서 열심히 한번 해봐야지.'

  그때부터 마음을 다잡고 열심히 공부했다. 그리고 2학년 1학기 말 성적표를 받았을 때는 나도 깜짝 놀랐다. 한 달음에 집으로 달려가 "어머니, 저 1등 했

▲ 어머니 칠순 생신 기념

어요" 하고 성적표를 보여 드리자 어머니께서는 "우리 윤종이 장하구나!" 하시더니 조용히 돌아서서 눈물을 훔치셨다.

중학교 내내 성적은 그런대로 괜찮은 편이었는데 수업료를 제때 내지 못해 교실 앞으로 불려 나간 적도 있었다. 친구들 앞에서 출석부로 머리를 맞을 때는 얼마나 수치스럽던지…. 감성이 여리고 예민한 사춘기에 가난이 남긴 상처는 너무도 컸다.

아버지의 선물

아버지는 정말 잘생기고 멋진 분이셨다. 1914년 서울에서 태어나 보성전문학교(고려대학교의 전신)를 나오셨고 어머니와는 1941년에 결혼하셨다. 신의주에서 포목상을 운영하시면서 당시 흔치 않은 스키, 승마 같은 스포츠도 즐기셨다고 하니 얼마나 잘 사셨을지 짐작이 갔다. 특히 아버지께서는 바둑을 좋아하셨고 어깨너머로 지켜만 보던 내게 제대로 바둑을 가르쳐 주셨다. 흰 돌과 까만 돌을 움직여서 승부를 내는 것이 얼마나 오묘하고 재미있던지 배우자마자 바둑에 푹 빠지고 말았다. 저녁에 잠자리에 누우면 천장 위로 바둑판이 깔리고 흰 돌과 까만 돌이 움직이는 것 같았다. 그 이후로는 공부에 집중하기가 힘들었다.

그러다 3학년 2학기가 되고 고등학교 입시가 코앞으로 다가왔다. 시험이 2~3개월 남았을까? 다급해진 마음에 잠 안 오는 약까지 먹어가면서 밤을 새워 공부에 매달렸다. 제대로 먹지도 못하고 영양이 부실한 상태에서 무리를 하자 코피가 자주 쏟아졌고 몸은 급격히 쇠약해졌다. 보다 못한 어머니께서 없는 형편에 소뼈를 사다 고아 주셨다. 재탕은 기본이고 아마도 너댓 번씩 고아 내셨던 것 같다.

마침내 고등학교 입학시험을 치르는 날이 다가왔다. 아버지께서 교문 앞까지 따라오시더니 주머니에서 박카스 한 병을 꺼내주셨다. "이거 마시고 시험 잘 치도록 해라"라고 말씀하셨다. 변변한 돈벌이도 없으셨던 아버지는 제대로 먹지도 못하면서 공부하는 자식이 못내 마음에 걸렸던 모양이다. 아버지의 짧은 한마디에 코끝이 찡해왔다. 시험이 시작되고 최선을 다해 문제들을 풀어나갔으나 생각보다 어려운 문제들이 많았다. 시험을 끝내고 나오는데 왠지 망친 것 같고 불안했다. 꼭 떨어질 것만 같아서 다음 날 있을 체능 시험은 볼 필요도 없겠다는 생각마저 들었다.

"아버지, 저 체능 시험은 안 볼래요. 보나 마나 떨어질 게 뻔해요."

그러자 아버지께서는 "떨어질 때 떨어지더라도 끝까지 최선을 다해 봐야지" 하시며 나무라셨다. 아버지의 말씀을 거역할 수 없어 다음 날 체능 시험을 치렀다. 그런데 나중에 결과를 보고서 얼마나 놀랐는지 모른다. 아슬아슬하게 겨우 붙은 게 아니라 안정권에 든 중간 성적으로 합격했기 때문이다. 만약 아버지 말씀을 안 듣고 체능 시험을 포기했더라면 어땠을까 생각하니 가슴이 철렁했다. 비싼 과외를 받고도 떨어진 학생이 수두룩한데 과외는커녕 제대로 먹지 못하고 영양실조까지 걸린 내가 그 당시 최고 명문 중의 하나인 경복고에 당당히 합격하자

부모님의 기쁨은 이만저만이 아니었다. 이 일로 나는 '해보기도 전에 미리 포기하지는 말아야 한다'는 교훈을 마음속 깊이 새기게 되었다.

부모님으로부터 물려받은 유산

내가 부모님으로부터 받은 가장 크고 소중한 유산은 바로 '가난'이다. 부모님을 통해 세상에 태어났고, '결핍'이 나를 키웠다. 가난한 집안이나 부유한 집안을 선택해서 태어날 수 있는 사람은 아무도 없다. 다만 자기에게 주어진 환경을 어떻게 이겨내고 극복할 것인가는 전적으로 자신의 선택과 의지에 달려 있다. 어려운 형편에서 자란 사람이 가난으로부터 벗어나기 위해 몸부림치는 과정에서 강한 정신력을 갖게 되는데 바로 이 '헝그리 정신' 이야말로 모든 성공의 원동력이 될 수 있다고 생각한다.

만약 우리 집안이 부유했더라면 나에게는 절실한 목표가 없었을 것이고 지금의 성공 또한 주어지지 않았을 것이다. 그뿐만 아니라 목표를 달성해 나가는 과정에서 무엇과도 바꿀 수 없는 소중

▲ 부모님 신혼시절

한 '성취감'을 얻었다.

부모님은 내게 한 푼의 재산도 물려주지 못했지만, 나는 '가난'이라는 훨씬 값진 유산을 물려받은 것이다.

아버지는 매우 선한 성품을 지니셨다. 자신이나 가족보다는 남들에 대한 배려가 더 컸기 때문에 가난한 가정의 살림을 꾸려가는 어머니의 맘고생도 적지 않으셨을 것이다. 날씨가 몹시 추웠던 어느 날, 외출하셨던 아버지가 입고 나간 겉옷은 어쩌시고 어깨를 잔뜩 움츠린 채 오들오들 떨며 들어오셨다.

알고 보니 집으로 오시는 길에 온몸이 얼어 있는 걸인을 보고 외투를 벗어 주신 것이다. 입을 만한 외출복도 몇 벌 되지 않으면서 왜 그렇게까지 하셨는지 어린 나로서는 잘 이해가 되지 않았다. 그런데도 어머니는 잔소리 한마디 하지 않으시고 으레 그런 분이려니 하고 이해하시는 것 같았다. 그도 그럴 것이 가난한 살림살이임에도 불구하고 남을 돕기로는 어머니도 아버지 못지않았기 때문이다. 당장 내일 양식이 떨어질 상황에서도 끼니를 거르는 노인을 그냥 지나치지 못하고 먹을 것을 나눠주시는 모습을 종종 볼 수 있었다. 어려서부터 보고 자란 부모님의 이러한 성품과 태도 또한 우리에게 주신 소중한 유산이 아닐 수 없다.

방황했던 학창 시절

들어가기 어렵다는 명문 경복고등학교에 합격은 했지만, 막상 학기가 시작되고 얼마 되지 않았을 때부터 암기 위주의 수업과 시험을 반복하는 학교생활에 별 흥미를 느끼지 못했다. 나는 그때나 지금이나 보통 사람이면 금방 외울 수 있는 노래 가사를 수십 번 부르고도 외워지지 않을 정도로 암기가 약했다. 그에 비해 개념을 잘 이해하고 나서 공식을 대입해 풀면 답이 정확하게 나오는 수학은 적성에도 잘 맞았고 성적도 좋았다.

고등학생이 되자 자연스레 사춘기의 호기심과 방황이 찾아왔다. 친구들과 어울려 담배도 피워보고, 당구장에도 드나들었으며 이성에 대한 호기심도 가득했다. 버스를 타러 갈 때마다 정류장에서 우리 학교 앞 진명여고에 다니는 한 여학생과 마주쳤다. 볼 때마다 가슴이 뛰고 얼굴이 빨개졌는데 말을 건네고 싶어도 용기가 없어서 속으로만 끙끙 앓았다. 오랫동안 먼발치서 바라만 보다 도저히 견딜 수가 없어서 하루는 작정하고 말을 걸었다. 마침내 데이트 약속을 받아내는 데 성공하고 나자 하늘을 찌를 듯한 자신감이 생겼다.

공부를 멀리한 채 방황하던 질풍노도의 시기를 지나 어느덧 고3이 되었고 대학 진학이 코앞으로 다가왔다. 장남으로서 부모님의 기대에 부응하기 위해서는 열심히 공부해야 했는데, 책임을 다하지 못한 것이 너무 죄송스러워서 어머니를 뵐 면목도 없었다.

'가난한 우리 집안을 일으킬 사람은 나밖에 없는데…. 어떻게 해서든 대학에는 가야 하지 않을까? 그런데 설령 대학에 간다고 하더라도 학비는 마련할 수 있을까?' 복잡한 고민이 머릿속을 떠나지 않았다.

그러던 어느 날, 입학 홍보차 우리 학교를 방문한 육군사관학교 생도들을 보며 깊은 인상을 받았다. 멋진 제복을 입고 늠름하게 서 있는 그들의 모습에서 나는 불현듯 '저곳에 들어가면 학비 걱정은 물론 방황도 끝낼 수 있겠구나'라는 생각이 들었다. 육사에 들어가서 열심히 학업과 훈련을 마치고 자립하면 되겠다는 생각으로 마음을 단단히 다질 수 있었다. '그래, 육사에 들어가자. 그곳이 내 갈 길이다.'

뜻하지 않은 좌절

각오를 새롭게 다잡고 열심히 준비해서 육사에 지원하였다. 필기시험도 잘 보았고 체력 시험도 무사히 통과해서 마지막으로 신체검사를 받게 되었다. 그런데 검사관이 나를 세워놓고 이리저리 고개를 갸웃거리다 내 턱에 나무 자를 들이댔다. 그러더니 동료 검사관을 불러 "이리 와서 이 친구 얼굴 좀 보게" 하더니 들리지 않는 소리로 자기들끼리 수군댔다. 무슨 영문인지 정확히 알 수는 없었지만 뭔가 불길한 예감이 들었다. 결국 아래턱이 약간 튀어나왔다는 이유로 떨어지고 말았다.

어이없는 결과는 내게 너무나 큰 충격이었다. 실력이나 체력이 부족해서라면 모를까 단지 아래턱이 튀어나왔다는 이유로 떨어지다니. 내 힘으로는 어떻게 해볼 수 없는 상황이 억울하고 부당하다는 생각까지 들었다.

육사 입학에 실패하고 나서 나는 공부에 대한 의욕을 완전히 잃어버렸다. 당시에는 지금처럼 수능이 없었고 대학별 시험 과목도 4과목에 불과했지만 제대로 준비하지 않은 탓에 재수까지 하게 되었고 이듬해 서강대학교 전자공학과에 입학했다. 당시는 디지털시계와 흑백 텔레비전이 막 나오기 시작했던 1960년대 말 전자산업 초기였으므로 새롭게 떠오르는 꽤 유망한 분야로 알려진 데다가 전자공학과는 내가 입학하던 해에 처음 생겼기 때문에 1회로 졸업하고 나면 취업에 유리할 것도 같았고 수학과 물리를 좋아했던 내 적성에도 잘 맞을 것 같았다.

입학 후 대학의 자유분방한 분위기는 좋았으나 수업에는 별다른 재미를 느끼지 못했다. 고등학교와는 뭔가 다를 줄 알았는데 국어와 사회, 생물, 화학 등 별로 좋아하지 않았던 과목들을 여전히 들어야 했기 때문이다. 흥미가 없더라도 열심히 좀 하면 좋으련만 성격이 그러질 못해서 내가 좋아하는 영어, 수학, 물리 같은 과목만 수강했다. 그러다 보니 전공 실험이나 프로젝트에 열심을 내는 친구들과 달리 공부에 열정을 느끼지 못한 채 동떨어진 생활을 하는 듯했다.

생활비는 과외를 통해 충당했고 공부 대신 테니스에 열중했다. 하루도 거르지 않고 거의 매일 테니스를 했고, 데모 때문에 학교가 문을 닫으면 담을 넘어가면서까지 운동을 했다. 대학 생활 중 빼놓을 수 없는 것이 후배 여학생과의 연애이다. 지적이고 성숙했던 여자 친구와는 즐거운 추억이 많았지만 군대에 있을 때 갑작스러운 이별 통보를 받고 말았다. 당시 그녀의 집안은 꽤 잘살았고, 나는 장래가 확실하지 않은 가난한 집안의 장남이었기 때문에 부모님을 설득하지 못하고 헤어질 수밖에 없었다. 육사 입학 실패, 대학에서의 방황, 그리고 첫사랑과의 이별을 겪으며 나는 세상이 결코 계획대로 흘러가지 않는다는 사실을 새삼 깨닫게 되었다.

공수부대에서 시작한 군 생활

대학을 졸업하고 군에 입대한 후 논산훈련소에서 처음 마주한 군대 생활은 내가 경험하지 못한 전혀 다른 세상이었다. 당시 군대는 지금 과 비교할 수 없을 정도로 열악하고 힘들었다. 그때만 해도 대학을 나 온 사람이 많지 않았기 때문에 학벌이 좋은 사람에게는 더 많은 텃세 와 기합이 가해졌다. 다른 사람들은 "군대가 원래 그렇지 뭐"라며 당연 하게 여기고 적응해 나갔지만 권위적이고 맹목적인 명령에 무조건 따 라야 한다는 사실이 쉽게 용납되지 않았다. 마음 편할 날이 없는 하루 하루가 너무 길게만 느껴졌고 이곳을 벗어날 날만을 손꼽아 기다렸다. 신병 훈련 기간이 끝나면 돈과 백이 있는 사람들은 보안사나 카투사, 육군본부 같은 비교적 수월한 곳으로 빠졌다. 나도 최전방을 피해 편 한 곳으로 가고 싶었는데 특별히 기댈 곳이라곤 없어 보였다.

그러던 어느 날, 특기병을 뽑기 위해 장교들이 훈련소에 왔다. 요리 사, 미용사, 태권도 유단자 등 다양한 특기를 선발하던 중 한 장교가

"테니스 칠 줄 아는 사람 있나?" 하고 물었다. 나는 자신 있게 "훈병 김윤종, 테니스라면 자신 있습니다!"라고 외쳤다. 대학 시절 거의 매일 테니스를 치며 닦은 실력에 자신이 있었다. 어쩌면 그들은 선수급의 수준을 찾고 있었는지 모르지만 나는 이 기회를 놓칠 여유가 없었다.

마침내 자대배치 날이 되어 모두가 이등병 계급장을 처음 달고 논산을 떠나 목적지를 모른 채 버스에 탔다. 출발하고 얼마쯤 지났을까? 차창 밖으로 서울 방향 이정표가 보였다. '어, 서울로 가고 있잖아? 혹시 육군본부로 가는 거 아냐? 그렇다면 군 생활이 좀 편해질 수도 있겠는데!' 기대감에 잔뜩 부풀어 있었다.

그런데 서울 쪽으로 향하던 버스는 남한산성 쪽으로 방향을 틀었고, 도착한 곳은 특전사령부였다. 편한 곳은 고사하고 훈련이 고되기로 소문난 특전사로 오다니…. 갑자기 숨이 턱 막히는 것 같았다.

4주간의 고된 훈련을 마치고 나서 나는 거여동에 있는 3공수여단에 배치되었다. 애초에 지원했던 대로 여단의 테니스 병이 되었지만, 여단장은 테니스를 즐기지 않았기 때문에 막상 테니스를 칠 기회는 별로 없었다. 그러자 본부 대장은 나를 취사반으로 보냈다. 내무반 생활, 야간 보초, 군사 훈련을 받으면서 취사반 일까지 병행하자니 체력적으로나 정신적으로나 견디기가 버거웠다. 군 생활에서의 힘든 경험과 공수부대에서의 극한 훈련은 내게 큰 시련이었지만, 이 모든 것이 훗날 나를 더욱 단단하게 만드는 발판이 되었다.

인생지사 새옹지마

　그렇게 2개월 정도를 취사반에서 일하고 나니 본부 대장은 민간인에게 위탁해서 운영하던 군장점 책임자로 자리를 옮겨 주었다. 군부대 안 PX에서는 군에 보급되는 담배, 과자, 음료수, 캔류 등 식품을 주로 취급하는 한편, 군장점은 군복 수선, 계급장 부착, 운동복 등 PX에서 취급하지 않는 군 생활에서 필요한 모든 것들을 취급했다. 비록 군대 안에 있는 작은 가게였지만 젊은 나이에 사업장 하나를 맡게 된 셈이었다.

　나는 그동안 장사를 해본 적이 한 번도 없었으나 이왕 맡게 되었으니 잘해보고 싶었다. 그래서 '군인들에게 필요한 게 뭘까?' 늘 고민했다. 공수부대에 있는 군인이라면 누구나 입는 태권도 도복에 '공수특전단'이라는 글씨를 새겨 넣는가 하면, 병사들이 비행기에서 낙하하는 장면, 태권도 하는 모습 등을 사진으로 찍어 앨범을 만들어 두었다. 그러자 이 앨범은 휴가를 갈 때면 너나 할 것 없이 사 가지고 가는 필수 품목이 되었다.

　또한 호빵과 우유를 들여와 팔기 시작했는데, 고된 훈련 후 배고픈 병사들에게 호빵은 최고의 간식이었다. 쉬는 시간만 되면 군장점에는 줄이 길게 늘어섰다. 나는 팔던 물건이 다 떨어지기가 무섭게 리어카를 끌고 부대 밖 민간 매점에서 물품을 더 사다가 팔기도 했다.

　군장점에 항상 사람들이 붐비고 매출이 몇 배 이상으로 늘자, 본부

대장은 자기 처제와 맞선을 주선할 정도로 나를 크게 신임했다. 처음 해보는 장사였지만 새로운 아이템을 개발하고 규모를 키워나가는 과정이 큰 성취감과 재미를 안겨주었다. 따로 배운 적은 없었지만, 군인들이 필요로 하는 것이 무엇일지 고민하고 아이디어가 생기면 바로 행동에 옮겼을 뿐인데 이것이 매출에 고스란히 반영되었다.

이 경험을 통해 나는 '고객이 필요로 하는 것을 제공하는 것이 비즈니스의 기본'이라는 중요한 교훈을 얻었고 내 안에 잠재되어 있던 사업가적 기질을 발견했다. 사업을 해야 큰돈을 벌 수 있다는 것도 어렴풋하게나마 알 수 있었다.

대학 시절, 공부보다 열심히 했던 테니스가 이런 기회를 가져다줄 줄은 꿈에도 몰랐다. 나아가, 특전사에서의 이 경험이 훗날 미국에서의 창업과 성공을 위한 중요한 밑거름이 될 거라고는 더더욱 상상하지 못했다.

'인생지사 새옹지마'라는 말처럼 삶은 정말 예측할 수 없는 여정이다. 고등학교 졸업 후 육군사관학교에 떨어졌을 때는 내가 바라는 대로 되지 않는 현실에 절망했다. 그러나 군복무를 하면서 틀에 박힌 구조와 명령과 복종으로 이루어진 상하 위계의 조직 문화가 내 성격과는 잘 맞지 않는다는 사실을 깨달았다. '내가 만약 육사에 합격했더라면 과연 어떠했을까?' 하는 의문이 들 정도였으니 항상 새로움과 변화를 추구하는 나로서는 결코 행복하기 어려웠을 것이다.

육사에 떨어지고 공수부대에서 군 생활을 하는 동안 뜻밖의 잠재력을 발견했다. 만약 내가 주걱턱이 아니었다면 결코 알지 못할 인생의 또 다른 길을 걸었을지도 모른다. 살면서 예상치 못한 실패나 좌절을 경험하더라도 그것이 후에 어떤 기회로 바뀔지 알 수 없다. 기회는 어디에나 있고 누구에게나 주어진다. 오로지 그 기회를 자신의 것으로 만드는 사람만이 진정한 결실을 얻게 될 것이다.

아메리칸 드림의 기회

군복무를 마치고 사회로 나오기는 했으나 막상 갈 곳이 없었다. 대학 때 공부를 열심히 한 친구들은 연구소에 들어가거나 석·박사 과정을 마치고 교수가 되기도 했다. 1970년대만 해도 지금과 달리 대기업이 거의 없었고 일단 입사하게 되면 정년퇴직 때까지 거의 평생을 한 직장에서 일하는 것이 보통이었다. 그러나 자유분방한 내 성격으로는 상사들의 눈치를 보며 평생을 한 직장에서 보낼 엄두가 나지 않았다.

딱히 할 일을 찾을 수 없어 막막하던 차에 미국에 계신 첫째 누님으로부터 미국으로 건너오지 않겠냐는 연락이 왔다. 첫째 누님이 미국인과 결혼을 해서, 부모님과 세 누님이 모두 미국에서 살고 있었던 터라 '미국에 가면 기회가 있지 않을까?' 하는 막연한 생각이 들었다. 언어는 물론이고 힘든 점이 많겠지만 앞뒤 따지기 전에 더 넓은 세상으로 나가야 할 것 같았다.

옛날 분 같지 않게 유창한 영어를 하신 아버지 덕분에 나는 어릴 때부터 영어를 좋아했다. 당시 영어를 좀 한다는 사람들이 대부분 일본식 발음을 하는 데 반해 아버지는 내게 미국식 발음을 가르쳐 주셨다.

중학교 영어 수업 시간이었다. 선생님께서 "윤종아, 나와서 읽어봐"라며 나를 교단 앞으로 불러내셨을 때 아버지께 배운 발음대로 읽었더니 친구들은 물론이고 선생님도 놀라셨다. 그동안 가난 때문에 움츠렸던 어깨가 확 펴지는 순간이었다. 그 일 이후 나는 더더욱 영어 과목을 좋아하게 되었고 아메리칸드림을 꿈꿔 볼 기회로까지 이어졌다.

미국행 비행기에 몸을 싣다

미국으로 떠날 결심을 한 뒤부터는 영어 공부에 더욱 전념했다. 토플 공부도 하고 영어가 귀에 제대로 들릴 때까지 AFKN 라디오를 반복해서 들었다.

출국을 앞두고 미국 비자를 받기 위해 대사관을 찾아갔다. 외국에 한 번도 나가 본 적이 없었던 나에게는 모든 절차가 복잡하고 생소하게 느껴져 창구 여직원에게 여권을 건네고는 주위를 두리번거리고 있었다. 내 여권을 쓱 훑어본 여직원은 아무런 말도 없이 갑자기 여권을 바닥에 내던졌다. 깜짝 놀라서 왜 그러느냐고 물었더니, 여권에 사인을 안 했기 때문이란다. '아니, 이럴 수가? 사인이 좀 빠졌기로서니, 그럼 좀 친절히 가르쳐주면 될 것을…. 사람 앞에서 여권을 바닥에 던지기까지 하다니. 잘살아보겠다는 비장한 각오를 품고 멀리 이국으로 떠나는 사람에게 어떻게 이럴 수 있는가!' 젊은 혈기대로라면 자리를 뒤 엎어버리고 싶은 심정이었다. 그리고 어떻게든 성공해서 돈과 백이 없 으면 설움 받는 이 나라에 다시는 돌아오지 않겠다고까지 다짐했다.

1976년, 드디어 미국으로 향하는 비행기에 몸을 실었다. 그때 내 나 이 27살이었다.

미국 LA 공항에 도착하자 셋째 누님이 마중을 나와 있었다. 공항을 빠져나오니 수많은 자동차가 광활한 고속도로 위를 내달리고 있었다. 내가 떠나온 한국과는 다른 이국적인 풍경이 낯선 곳에 와 있음을 실 감하게 했다.

'내가 과연 이 땅에서 무엇을 할 수 있을까?' 막상 미국 땅에 발을 딛 고 보니 오기 전 기대와는 달리 형언하기 어려운 막막함이 밀려들었 다. 게다가 한국을 떠나오기 직전에 결혼을 약속한 약혼녀도 따라 들 어올 예정이었기 때문에 가장으로서 져야 할 책임까지 부담이 몇 배나 커진 셈이다.

부모님께서 사시는 조그마한 아파트에 얹혀사는 것으로 미국 생활 을 시작했다. 할 일이 없을까 이곳저곳을 살피다가 처음 시작한 것이 야간에 빌딩을 청소하는 일이었다. 직장인들이 퇴근하고 난 텅 빈 사 무실 바닥을 밤새 닦고 카펫을 청소했다. 막연하기는 했지만 그래도 기대를 품고 이역만리까지 왔는데, 밑바닥 노동이라니…. 나도 모르게 설움이 밀려왔다. 하지만 그것도 잠시, 시간 내에 일을 마치기 위해서 는 바삐 몸을 움직여야 했다. '처음부터 번듯한 일을 찾기는 쉽지 않을

테지! 남의 나라에까지 와서 이거라도 할 일이 있다는 게 어딘가?' 마음을 다잡으며 열심히 일했다.

미국 땅에 일찍이 정착한 교포들을 볼 때마다 '나는 언제나 저렇게 살 수 있을까?' 부러웠다. 월급날만을 손꼽아 기다리며 하루하루 힘겹게 일했는데 막상 월급날이 되자 한국인 사장은 수습 기간이라며 월급을 주지 않았다. 같은 동포끼리 어떻게 이럴 수가 있냐며 항의했지만 끝내 월급을 받지 못했다. 낯선 미국 땅에서 어떻게든 살아보려고 발버둥 치는 사람의 처지를 누구보다 잘 알 텐데 돕지는 못할망정 어떻게 이럴 수가 있을까 억울하기가 이를 데 없었다. 이상과 달리 냉혹한 현실 앞에서 모든 의욕을 상실한 채 깊은 늪으로 빠져드는 것 같았다.

결국 그 일을 그만두고 매형 친구의 소개로 자동차 부속품 도매 회사에 취직했다. 큰 트럭으로 끊임없이 들어오는 자동차 부속품들을 내려서 넓은 창고 안의 선반에 정리하는 일을 멕시코인, 흑인들과 한데 뒤섞여 하루 종일 쉴 새 없이 움직여야만 했다. 처음으로 얻은 풀타임 직장이었지만 하루 내내 힘들게 일하고 주어지는 임금은 고작 시간당 3천 원에 불과했다. 주말에는 그나마 평일보다 1.5배의 임금을 받을 수 있었기에 주말도 마다하지 않고 쉴 틈 없이 일했다. 이렇게 힘들게 일해서 번 돈은 대부분 자동차 기름값으로 나가고 정작 손에 쥘 수 있는 돈은 얼마 되지 않았다. 남의 나라에 와서 땀 흘려 돈을 벌 수 있다는 사실에 감사하면서 열심히 했지만 그렇다고 해서 평생 이렇게 노동하면서 살고 싶지는 않았다. '어떻게 이 현실에서 벗어날 수 있을까?'

목돈이 조금만 있다면 장사라도 해보고 싶었다. 하지만 그런 돈을 마련할 방법은 어디에도 없었다.

공부만이 살길이다

매일 일터를 오가는 중에도 '내가 노동에서 벗어날 수 있는 길이 무엇일까?' 하는 생각이 머릿속에서 떠나지 않았다. 그러던 어느 날 엔지니어가 되면 나도 남들 만큼 살 수 있을 거라는 생각이 들었다. 노동에서 벗어날 수 있는 유일한 길은 오직 공부밖에 없다는 생각으로 집 근처에 있는 캘리포니아주립 야간 대학원에 입학했다. 대학원을 졸업하고 엔지니어가 되어서 잘살아보겠다는 희망을 품게 된 것이다. 아마도 이것이 내가 태어나서 처음으로 갖게 된 절실한 꿈이었을 것이다.

퇴근 후 곧바로 집에 가서 샤워를 하고, 저녁 식사를 하는 둥 마는 둥 허기만 면하고 달려가야 간신히 수업 시간을 맞출 수 있었다. 온종일 서서 일을 했기 때문에 저녁 강의실에 앉아있으면 피가 다리로 몰려서 끊어질 듯 아팠지만 '공부만이 유일한 길'이라는 생각에 이를 악물고 참았다.

그런데 문제는 교수님의 강의를 하나도 알아들을 수가 없었다. 피곤한 몸을 이끌고 왔음에도 불구하고 정작 수업을 못 알아듣는 자신이 너무도 한심스럽고 자존심이 상해서 견딜 수가 없었다. '대학에 다닐 때 공부 좀 열심히 할 걸!' 하는 후회가 밀려왔지만 어디다 하소연할 수도 없고, 지난날을 돌이킬 수도 없었다. 뾰족한 수를 찾지 못하고 답답해하다가 강의실 밖으로 나와 엉엉 소리를 내어 운 적도 있었다. 그러다 문득 수업 내용도 이해하지 못한 채 이대로 시간만 보내다가 어쩌면 학교를 포기해야 할지도 모른다는 위기감이 들었다.

그날도 마찬가지로 교수님의 강의를 도무지 이해할 수가 없었다. 질문을 하고 싶어도 수업에 방해를 주거나 괜히 창피만 당할 것 같아서 쉽사리 엄두가 나지 않았다. 손을 들까 말까 한참을 망설이다가 용기를 내서 오른손을 번쩍 들고 질문을 했다. 그러자 교수님은 내가 걱정했던 것과 달리 매우 친절하게 설명해 주셨다. 그 순간 괜한 걱정으로 주저했던 자신이 오히려 부끄럽고 어리석게 느껴졌다. 그 후부터는 모르는 것이 있을 때마다 그냥 넘어가지 않고 손을 들어 질문했다. 그러다 보니 공부에 대한 재미도 생기고 점점 자신감이 붙기 시작했다. 돌이켜보면, 그때만큼 공부가 잘된 적도 없었던 것 같다. 하루 종일 힘든 노동을 하고 나서도 이렇게 열심히 공부할 수 있었던 것은 그만큼 내 상황이 절박했기 때문이었으리라.

시간이 멈춘 것 같던 시절

일과 공부를 병행하는 생활은 주말까지 이어졌다. 일요일이면 화분 공장을 하던 둘째 매형의 공장에서 불량품 화분들을 얻어다가 벼룩시장에 내다 팔았다. 자리를 얻는 것도 쉽지 않아서 이른 새벽부터 가서 줄을 섰다. 자동차 트렁크에 화분을 가득 싣고 갔으나 자리를 못 잡아 허탕 치고 되돌아온 날도 허다했다.

밤낮없이 주말도 마다하고 뛰어다녔지만 손에 들어오는 수입은 턱없이 부족했다. 이럴 바에는 공부에만 몰입해서 빨리 대학원을 마치는 게 낫겠다는 생각으로 학자금 융자를 신청해 봤으나 돌아온 대답은 자격이 안 된다는 것이었다. 어느 정도 기반을 잡고 사는 누님들에게 도움을 청해볼까 싶다가도 도저히 입이 떨어지지 않았다.

그러다 어느 날 둘째 누님 집에 들렀을 때 내가 다른 사람과 영어로 통화하는 것을 듣던 매형이 "처남, 영어를 그렇게 잘해? 왜 진작 말하지 않았어?" 하며 깜짝 놀란 표정으로 나를 바라보았다. 단순한 의사소통이나 하는 정도이겠거니 생각했다가 제법 수준 있는 영어를 구사하는 나를 보고 놀랐던 모양이다. 그러더니 매형의 화분공장에서 일하는 20여 명의 멕시코 직원들을 관리해 보라며 일자리를 제안했다. 짐 나르는 노동보다 낫고 시급도 4,500원으로 올려준다고 해서 곧바로 일하기 시작했다. 주어진 일에 최선을 다했지만, 매형은 칭찬이나 보상을 충분히 해 주지 않았다. 내가 들이는 수고와 노력에 비해 급여와 보상이 미흡하다고 생각되자 더 이상 동기부여가 되지 않아 1년 남짓 일하다 그만두었다. 남도 아니고 친척이라는 기대 때문에 섭섭한 마음이 더욱 컸는지도 모른다. 이때 느낀 서운한 마음은 훗날 내가 사업을 했을 때 직원들에게 진심 어린 인정과 보상으로 동기를 부여하고 작은 일에도 칭찬을 아끼지 않는 계기가 되었다.

그 후 얼마 되지 않아 전자기기 장비를 만드는 '크래토스(Kratos)'라는 회사에서 전자통신 분야 기술자를 구한다는 공고를 보게 되었다. 나는 망설이지 않고 지원해서 시급 6,000원을 받는 테크니션(technician)으로 일하다 얼마 뒤 '버로즈(Burroughs)'라는 대형 컴퓨터 회사의 테스트 엔지니어(test engineer)가 되면서부터는 시간당 8,000원을 받을 수 있었다. 겨우 막노동은 면했지만 나의 목표였던 '디자인 엔지니어(design engineer)'가 되기 위해서는 하루빨리 대학원을 마쳐야만 했다. 그런데도 공부에만 전념할 수 있는 여건이 되지 않아 하는 수 없이 낮에는 일하고 밤에는 공부하기를 계속해야 했다. 그 시간이 얼마나 길고 아득했는지…. 마치 긴 터널 속에 갇힌 채로 시간이 멈춘 것과 같은 힘든 시절이었다.

엔지니어의 꿈을 이루다

부모님 댁에 얹혀 지내다 월세 15만 원짜리 작고 초라한 아파트로 옮기고 일과 공부를 병행하며 하루하루를 너무나 힘겹게 보냈다. 잠시 쉴 틈도 없이 온종일 노동을 하고 대학원에 들렀다 집에 돌아오면 그야말로 녹초가 되었다. 매일 저녁 천장을 올려다보며 '이 힘든 일상이 언제나 끝이 날까?' 수도 없이 묻고 또 물었다. 그리고 깊은 절망감이 밀려올 때마다 큰 회사의 엔지니어가 되어 있는 미래의 내 모습을 상상하며 애써 마음을 다잡았다.

1980년, 힘든 대학원 과정을 모두 마치고 '리튼 데이터 시스템(Litton Data System)'이라는 회사에 입사했다. 끝을 가늠할 수 없는 긴 터널과도 같았던 시간을 빠져나와서 드디어 엔지니어의 꿈을 이룬 것이다. 이 회사는 엔지니어만 해도 수백 명이나 되는 대기업이었다. 미국에 온 지 불과 3년 만에 어엿한 대기업의 직원이 된 것이다. 그때 내가 받은 초임은 시간당 1만 3천 원이었다.

회사에 취직하고 나서야 비로소 은행 대출을 받을 수 있었고 3천만 원짜리 집을 마련했다. 맨손으로 미국에 왔지만 어엿한 엔지니어가 되어 큰 회사에 취직했고, 낡고 작은 집에 월세로 살다가 내 힘으로 집을 장만하고 보니 그야말로 꿈만 같았다. 남의 나라에서 내 마음껏 가꾸고 손질할 집을 마련했다는 사실에 가슴 뿌듯하고 설레었다. 주말이면 들뜬 마음으로 앞마당의 잔디를 깎으며 집을 단장했다.

누구보다도 기뻐하신 분은 나의 부모님이셨다. 내가 미국에 와서 고생하는 과정을 곁에서 모두 지켜보셨기 때문이다. "윤종아, 장하다. 한국에서 온 지 몇 년 만에 미국 대기업에 취직하고 집까지 장만하다니 정말 자랑스럽구나." 아버지께서는 한국에 있는 친구들한테까지 일일이 편지를 쓰시며 아들 자랑을 하셨다. 그런데 얼마 지나지 않아 아버지는 동맥경화로 인한 심장마비로 세상을 떠나셨다. 제대로 뒷바라지를 못 해 준 것에 대해 늘 마음 아파하시던 아버지셨는데…. 훗날 내가 이룬 더 큰 성공을 보지 못하고 너무 일찍 하늘나라로 가셨다. 아버지를 생각하면 지금도 가슴이 아프다.

돈보다 소중한 존재감

내가 입사한 '리튼 데이터 시스템'이라는 회사는 전쟁이 날 경우 전체 군 병력 상황을 파악하고 통제하는 시스템을 개발하는 곳이었다. 경험이 풍부한 엔지니어들 수백 명이 몇 년씩 걸려야 완성할 수 있을 만큼 복잡한 제품들을 생산했기 때문에 실력이 출중한 엔지니어 500여 명을 보유한 큰 회사였다. 내가 대학원에서 이 분야를 전공했더라도 처음부터 다시 배워야 하는 상황이었기에 크고 중요한 일을 맡기리라고는 기대하지 않았지만 빨리 많은 것을 배워서 남들보다 더 잘하고 인정받고 싶었다.

그런데 워낙 조직이 방대하다 보니 내 생각과는 달리 모든 일이 매우 천천히 움직이는 것 같았다. 일을 빨리 해내라고 재촉하는 사람도 없었고 내가 어떻게 기여하고 있는지 설명해 주는 사람도 없었다. 내가 하는 일에 대해 아무런 관심을 받지 못하고 배움의 열정 또한 채울 수 없게 되자 일의 의미를 발견하기도 어려웠다. 그토록 원했던 대기업 엔지니어가 되어 안정된 삶을 살기 바랐으나 매일 똑같이 반복되는 일상은 마치 커다란 기계에 딸린 작은 부품같이 느껴졌다. 시간이 갈수록 내 존재가 하찮게 느껴지면서 회사에 출근하고 싶은 의욕도 점차 줄어들었다. 주변 사람들은 미국에 온 지 얼마 되지 않아 빠르게 자리를 잡았다며 대견해했지만 정작 나는 행복하지 않았고 오히려 불만이 쌓이기 시작했다.

돈보다 중요한 것이 '존재감'이라는 것을 그때 처음으로 깨달았다.

'이것이 내가 바라던 아메리칸 드림은 아니었는데…' 실망감이 머릿속에서 떠나지 않았다.

그러다 문득 '대기업이 아닌 작은 회사에 가면 할 일도 많고 그것을 통해 많이 배울 수 있지 않을까?'라는 생각이 들었다. '그래, 배움의 열정을 채우고 존재감을 높일 수 있는 곳으로 가자.'

내 인생의 터닝 포인트

1981년 여름, 대기업에 입사한 지 1년 반 만에 나는 중소기업으로의 이직을 결심하고 지역신문의 구인란을 뒤지기 시작했다. 때마침 "제품 개발을 책임질 엔지니어를 뽑습니다"라는 작은 신문광고가 눈에 들어왔다. 과감하게 사표를 '페일로 옵티컬 시스템(Phalo Optical System)'이라는 중소기업으로 자리를 옮겼다.

이 회사는 전체 직원이 30여 명에 불과했고 직전까지 일했던 대기업과는 비교할 수 없을 정도로 작은 규모였다. 엔지니어는 나 외에 한 사람밖에 없었고 사무실 옆에 작은 공장이 딸려있었다.

내게 주어진 업무는 '광섬유 통신 시스템' 개발을 책임지는 것이었다. 큰 회사에서 아주 작은 일을 하던 내게 작은 회사에서 큰일을 할 기회가 주어진 것이다. 그만큼 내가 감당해야 할 책임도 커졌지만 제품이 만들어지는 과정을 한눈에 볼 수 있어 오히려 흥분되고 즐겁기까지 했다.

미국 기업 중에는 규모가 워낙 커서 건물이 여러 곳으로 분산돼 있는 경우가 많다. 이렇게 떨어져 있는 건물과 건물 사이에 용량이 큰 데이터를 주고받아야 하는 일이 많을 때 동선(銅線), 즉 구리선을 쓰면 보낼 수 있는 대역폭(bandwidth)이 작아진다. 그뿐만 아니라 거리가 멀어지면 다시 증폭 과정을 거쳐야 하는 번거로움이 있다. 반면 광섬유는 증폭 없이도 많은 양의 데이터를 훨씬 멀리 보낼 수 있다는 장점이 있어 그 당시 새로운 통신 소재로 떠오르고 있었다. 나는 데이터 통신선이 구리선에서 광섬유로 바뀌는 패러다임의 전환기에 핵심 기술을 다루는 회사에 들어가 기술 변화의 중심에 서게 된 것이다. 그리고 이곳에서 배운 기술과 경험은 이후 창업의 발판이 되었다. 이렇게 되리라고 예측한 것은 아니지만 대기업에서 중소기업으로 자리를 옮긴 것이 내 인생의 중요한 터닝 포인트가 된 셈이다.

중소기업에서만 배울 수 있는 것

제품 개발을 책임지는 엔지니어가 되고 나니 어깨가 무거울 수밖에 없었다. 한 번도 해 본 적이 없는 일이라 '과연 내가 해낼 수 있을까?' 초조하고 긴장됐다. 하지만 그런 부담과 책임감이야말로 내가 그동안 간절히 바라던 것이었기에 하나부터 열까지 새로 배우면서 의욕적으로 일했다. 약 1년간 제품 개발에 몰두하고 나서 내가 개발한 제품이 마침내 출시되었다. 이것은 나에게 엄청난 성취감을 안겨주었고 또 다른 제품을 개발하라는 책임이 주어졌다. 개발뿐만 아니라 A/S까지 도맡아 하게 되었다.

"스티브, 중요한 고객사로부터 제품에 대한 A/S 요청이 들어왔어요. 스티브가 직접 가주시면 훨씬 빨리 해결되지 않을까요?"

"스티브, 큰 계약 건이 있는데 나와 함께 고객을 만나러 가주시겠어요? 제품에 대한 설명이라면 제품을 실제로 개발한 스티브가 저보다 잘할 테니까요."

비행기를 타고 미국 전역을 돌아다니며 영업 지원까지 하면서 나는 새로운 세상을 보게 되었다. '아, 영업이 이렇게 이루어지는구나!' 대기업에서는 결코 접할 수 없었던 새로운 배움의 기회가 주어진 것이다. 일손이 부족한 작은 기업에서는 한 사람이 몇 가지 역할을 해야 하는 경우가 다반사다. 언젠가부터 사장은 내가 혹시 다른 곳으로 이직하지나 않을까 눈치를 보며 내게 이전보다 많은 관심을 기울였다. 그도 그럴 것이 1인 3역을 하는 내가 회사를 그만두면 나를 대체할 사람을 찾기가 쉽지 않을 것이었기 때문이다.

대기업에서 나는 '있으나마나 한 사람'이었는데, 이곳에서는 '없어서는 안 될 사람'이 되었음을 실감할 수 있었다. 돈을 많이 벌고 싶었던 나는 용기를 내서 "월급 좀 올려주세요!"라고 손을 내밀었다. 사장이 요구를 들어주지 않으면 어떡하나 염려했지만 사장은 흔쾌히 내 청을 들어주었고 입사한 지 2년 반이 되었을 때는 월급이 두 배로 올랐다.

창업에 대한 꿈을 꾸다

중소기업에서 일하면서 제품 개발은 물론 A/S를 도맡아 했고 영업 부서를 지원하다 보니 우리 회사의 중요 고객사인 '록히드(Lockheed) 항공사'와 '미국 우주항공국(NASA)' 등 대기업 관계자들을 만나며 인적 네트워킹을 넓힐 수도 있었다. 제품 개발과 생산뿐만 아니라 회사의 모든 관리 · 운영 시스템이 한눈에 들어왔다.

만일 내가 대기업에서 일했더라면 기업이 어떻게 구성되는지 이해할 기회가 전혀 주어지지 않았을 것이고 설사 신제품에 대한 아이디어가 있었다 하더라도 이러한 전반적인 이해 없이 감히 창업을 하겠다는 엄두를 내지 못했을 것이다.

창업은 해당 산업은 물론 기업 환경 전체에 대한 충분한 정보가 없는 채로 아이디어와 의욕만 가지고는 성공할 수 없다. 그 분야에서 실제로 일해보고 경험 속에서 기회를 찾아야만 한다. 내가 창업을 꿈꿀 수 있었던 것도 이직한 회사가 때마침 패러다임의 전환기를 주도하는 회사였기에 가능했다.

그때는 몰랐지만 이것이 내 인생의 가장 큰 전환점이 되었다. 가장 적절한 때에, 가장 적절한 곳(at the right timing, at the right place)에 있게 된 것이 내게는 천운이었다.

Chapter 2

더 나은 삶을 향한
끝없는 도전

*

진정한 행복이란 열정을 쏟으며

남들로부터 인정받는 현재의 삶,

바로 거기에서 미소 짓고 있음을 깨달았다

조금만 더, 조금만 더 하는 욕심을 좇다

일을 그르치는 경우를 보면

'내려올 때를 아는 지혜'가 중요함을 깨닫게 된다.

경험보다 귀한 공부는 없다

*

나라면 그렇게 하지 않을 텐데…

중소기업으로 이직한 후 나는 단순히 주어진 제품 개발 업무에만 머무르지 않았다. 호기심이 유독 많았던 나는 다른 회사들의 스펙을 구해서 우리 제품과 어떻게 다른지 비교도 해보고 각 제품이 어디에 어떻게 쓰이는지 궁금증을 해소해 나갔다. 그뿐만 아니라 여러 제품의 사양을 꼼꼼히 살펴보면서 향후 고객들이 필요로 하는 제품은 어떤 것들일지 예측해 보았다.

내가 만약 사장이었다면 연구 개발과 영업 담당자들을 모아놓고 고객들의 향후 니즈를 파악하는 일을 우선시했을 것이다. 회사 경영을 책임지는 사람은 남들보다 앞서서 신제품 개발을 준비하고 다른 회사와의 경쟁에서 뒤처지지 않도록 끊임없이 고민해야 한다고 생각했기 때문이다.

하지만 당시 고용 사장이었던 딕 배스(Dick Bass)는 내가 책임 연구원임에도 불구하고 신제품 개발에 대한 내 생각을 묻거나 의논하지 않았다. 나는 회사 내의 여러 부서에서 일어나는 일들을 그냥 지나치지 않고 관심 있게 들여다보며 '나라면 그렇게 하지 않을 텐데!' 하는 생각을 자주 하게 되었다.

제품 개발 외에 현장을 뛰어다니며 영업을 지원하는 과정에서 광섬유 통신 분야의 산업 전체를 바라보는 안목이 넓어졌다. 그뿐만 아니라 대기업과 달리 중소기업은 개발, 생산, 영업, A/S, 재무 관리 등 여러 부서가 한 지붕 아래 모여 있었기 때문에 이들이 서로 어떻게 맞물려 돌아가는지 전체 업무의 흐름이 머릿속에 그려졌다. 그러자 언제부터인가 나도 회사를 경영해 볼 수 있겠다는 생각이 들었다.

무모한 도전

아무도 시키지 않았지만 나는 미래 고객이 필요로 할 제품이 무엇일지 끊임없이 고민했다. 그러던 중 경쟁사와 차별화할 수 있고 고객이 비용을 크게 절감할 수 있는 아이디어가 떠올랐다. 제품에 확신이 들자 창업하고 싶다는 충동이 강하게 일었다. 그 당시만 해도 창업이 흔치 않을 때라 겁도 났지만 해보지도 않고 생각을 접으면 평생 후회할 것 같았다. 충동을 절제할 수가 없어 가까운 친구를 찾아가 고민을 털어놓았다.

"그동안 우리 제품은 물론 경쟁사들의 여러 스펙을 구해서 분석해 봤는데 기존 제품보다 훨씬 더 많은 데이터를 한 번에 보낼 수 있는 아이디어가 생겼어. 이렇게 되면 고객들이 상당한 비용을 절감할 수 있고 시장에서는 획기적인 제품이 될 게 분명해. 그래서 이 아이템으로 창업을 하고 싶어 심각하게 고민 중이라네."

친구는 눈을 반짝이며 고개를 끄덕였다.

"그래? 그 아이디어라면 분명 성공할 수 있을 것 같아. 한번 도전해 봐, 나도 기꺼이 돕겠네."

그의 얘기를 듣고 나자 용기가 생겼고 하루라도 빨리 서둘러야겠다는 생각밖에 없었다.

친분이 있던 한국인 엔지니어 세 명이 나를 믿고 각각 3천만 원씩 투자했고 여기에 내가 천만 원을 보태 총 1억 원의 초기 자금을 마련하였다. 사무실은 이 중 한 친구가 자기 집에 딸린 차고를 내줘서 조립식 테이블 두 개를 들여놓고 조명등과 전화를 연결하는 것으로 모양새를 갖추었다. 투자한 동료들은 각자 직장을 계속 다니고 있었기 때문에 퇴근 후 잠시 들러 도와주는 정도였을 뿐 하나에서 열까지 모두 내가 해야 할 몫이었고 손이 열 개라도 모자랐다.

당시 1억 원은 어지간한 기업 임원의 1년 치 연봉에 불과한 정도로 그리 큰돈은 아니었다. 제품 개발에 전념하기 위해서 직장까지 이미 그만두었기 때문에 매달 들어가는 주택 담보 대출 이자와 자동차 할부금 등도 이 안에서 충당해야 했다. 최소한의 생활비 외에 꼭 필요한 장비 몇 개를 구입하고 나자 남는 돈이 별로 없었다. 신제품을 개발하기에는 여러모로 녹록지 않은 상황이었으나 시제품을 하루빨리 완성하는 것밖에는 별다른 방법이 없었다.

비용을 조금이라도 절감하기 위해서 외부에 맡기는 과정 없이 모든 것을 내 손으로 했다. 테스트를 끝내고 회로 기판을 만드는 사전 작업은 물론이고 모르는 것은 배워가면서 직접 해낸 것이다. 신제품 스펙에 맞는 설계를 하고 설계가 끝난 후에는 시제품(prototype)을 만들었다. 작은 부품들을 구입해서 하나하나 가는 전선(wire)으로 연결하고 테스트와 수정을 몇 번이고 반복했다.

사정이 이렇다 보니 밥 먹고 잠자는 시간 외에는 차고에 파묻혀 오직 개발에만 몰두했다. 그런데도 하루 24시간은 짧기만 했고 힘들다고 느낄 겨를조차 없었다. '이 제품에 내 미래가 걸려 있다'는 생각이 들 때면 오히려 새로운 힘이 솟아나는 것 같았다.

1년간 혼신의 힘을 다한 끝에 시장에 내보여도 부끄럽지 않을 제품이 만들어졌다. 마침내 해낸 것이다. 그러나 투자자들을 모집할 방법이나 기업을 키워나갈 방향에 대한 충분한 고민도 없이 시작한, 참으로 무모한 창업이었다.

친구들과 함께 모았던 초기 자본금 1억 원은 이미 바닥난 상태였기 때문에 하루빨리 자금을 유치하지 못하면 그동안의 모든 노력이 순식간에 물거품이 될 위기였다. 최악의 경우 다시 취직을 해야 할지도 모르는 절박한 상황이었던 것이다.

1980년대 중반만 해도 아직 IT 산업이 활성화되지 않던 시기였다. 창업이라는 개념도 생소했고 벤처 자금을 대주는 창업투자회사 또한 찾기가 쉽지 않았다. 벤처 자본을 유치하기 위해서는 사업계획서부터 필요했으나 나는 이런 것을 본 적도 없었고 어떻게 작성하는지조차 알 길이 없었다.

경험자의 도움이 절실할 때 생각난 사람이 바로 딕 배스였다. 이전에 다니던 회사의 고용 사장이었던 그를 찾아가 상황을 설명하고 도움을 요청했다. 다른 회사에서 일하고 있는 줄로만 알고 있던 내가 지난 1년간 이루어낸 결과에 그는 놀라움을 감추지 못했다.

그에게 시제품을 보여주며 시장성과 발전 가능성을 설명했다. 그리고 그 자리에서 파격적인 제안을 했다. "딕, 회사 지분의 15%를 줄게요. 영업과 마케팅을 맡아줘요."

나의 제안에 잠시 망설이던 딕은 "좋아요. 스티브, 한번 해 봅시다. 충분히 승산이 있을 것 같아요" 하며 내게 악수를 청했다. 이렇게 해서 딕은 우리 회사의 부사장이 되었고 나는 함께 일할 든든한 미국 파트너를 얻게 되었다.

귀한 자본금 3억 원

딕이 합류하면서 우리 사업은 활기를 띠기 시작했다. 투자자 유치에 필요한 사업계획서를 만들기 위해 대기업인 GTE의 CFO(재무 담당 이사)로 일하다 퇴직한 폴 호프(Paul Hoff)를 소개받았다. 그는 외모부터 말투에 이르기까지 냉정하고 빈틈이 없어 보였다. 처음 만난 자리에서 나를 위아래로 훑어보는 그의 태도에 자존심이 이만저만 상한 게 아니었다. 그의 눈빛에는 '의욕만 가득 찬 젊은 동양인이 아무런 경험도 없이 무슨 큰 사업을 할 수 있겠나?' 하고 얕잡아보는 태도가 그대로 드러났기 때문이다.

하지만 나는 폴의 태도에 아랑곳하지 않고 우리 사업의 가능성에 대해 한참을 설명했다. 설득에 설득을 거듭한 끝에 결국 폴은 투자를 결정했다. 적은 자본으로 1년 동안 차고에서 씨름하면서 혼자 시제품을 만들었다는 사실이 그를 감동시킨 것이다. 그 이후에 폴의 소개로 여러 소액 투자자를 만날 수 있었다. 새로운 투자자들을 만날 때마다 나는 우리 사업의 성공 가능성에 대해 열정적으로 설명했다. 입이 닳도록 설득한 끝에 그들이 투자를 결정하면, 그들은 주위의 또 다른 투자자를 소개해 주곤 했다. 한 사람이라도 더 만나서 투자를 유치할 생각으로 발이 부르트도록 뛰어다녔다. 그야말로 피가 마르는 두 달을 보낸 끝에 30명의 투자자로부터 3억 원의 자본금을 확보할 수 있었다.

남의 돈을 모으는 것이 얼마나 힘든 일인지 그때 절실히 깨달았다. 그리고 '다시는 남에게 손 벌리지 않고, 이 귀한 3억 원으로 반드시 성공하리라' 다짐하고 또 다짐했다.

CEO도 한 명의 직원

내가 처음 창업한 회사 '파이버먹스(Fibermux)'는 이렇게 시작되었다. 여러 투자자 중 세 명은 투자를 결정하기에 앞서 회사의 이사로 선임해 줄 것을 조건으로 제시했다. 이 세 명의 이사가 폴 호프, 트루드 테일러(Trude Taylor), 딕 트룹(Dick Troop)이었다. 나는 그때까지만 해도 회사의 모든 중대사가 이사회를 통해서 결정된다는 사실을 전혀 몰랐다. 사장의 임기며 연봉까지도 모두 이사회에서 결정될 뿐만 아니라 회사를 창업한 사장이라 하더라도 여러 이사 중 한 명에 불과한 것이다. 회사의 진정한 주인은 사장인 내가 아니라 주주들이라는 사실을 뒤늦게야 깨닫게 되었다.

폴은 이사가 된 후에도 내 어눌한 말투와 세련되지 못한 태도를 답답해하는 등 특유의 깐깐한 태도로 매사를 못마땅하게 여겼다. 대기업에서 CFO까지 했던 사람이다 보니 그의 눈에는 내가 경영자로서 영미덥지 않았던 모양이다. 이사들이 모인 회의가 거듭될수록 자칫 잘못하다가는 내가 창업한 회사에서 쫓겨날 수도 있겠다는 위기감이 들었다. 아무리 CEO라 하더라도 성과를 내지 못하면 가차 없이 자리에서 물러나야만 하기 때문이다.

'어떻게 창업한 회사인데 이사들에 의해 떠밀려서 나가다니? 절대 그런 일이 생겨서는 안 된다. 그렇다면 내가 능력 있는 CEO로서 인정받기 위해 실적으로 보여주는 수밖에!'

가까스로 투자자를 모아 회사를 시작했지만 결과를 내야 살아남을 수 있다는 위기를 실감하고 나니 내 능력을 의심하는 그들에게 '나도 해낼 수 있다'는 것을 보여주는 일이 무엇보다 시급했다.

이제 내 목표는 오직 이익을 내고 회사를 키우는 것이었다. 이것을 해내지 못하면 나에게는 미래가 없는 것처럼 절박해졌다. 그때부터 분기별 목표를 세우고 어떻게든 목표를 달성하기 위해 고군분투하기 시작했다.

첫 타석에서 홈런을 치다

50평 정도 되는 창고 같은 곳으로 사무실을 옮기고 개발과 생산, 회계를 담당할 직원 7~8명을 채용했으나 영업을 맡아 줄 직원을 구하지 못해 내가 직접 나서야만 했다. 가장 먼저 찾아간 곳은 예전 직장에서 알게 된 NASA의 구매 담당자였다. 그를 찾아가 우리 제품을 보여주었다.

"프랭크, 최근에 내가 개발한 제품인데 이전 제품에 비해 훨씬 많은 양의 데이터를 한 번에 전송할 수 있고 비용은 오히려 크게 절감할 수 있는 획기적인 제품이에요."

"어떻게 그럴 수가 있죠?"

"데이터를 전송하는 데 필요한 여덟 줄의 광섬유를 하나로 줄였기 때문에 가능해진 거예요."

"그래요? 테스트해 볼 테니 장비를 두고 가세요."

그로부터 2주쯤 지나 NASA의 담당자로부터 10대의 주문서가 들어왔는데 첫 발주 금액이 무려 1억 원이나 되었다.

"와우! NASA에서 우리 제품을 주문하다니, 드디어 해냈구나!"

나 혼자서 밤낮없이 창고에 틀어박혀 만들어 낸 제품을 NASA에서 사용하다니…. 꿈이 현실이 되었다는 게 믿기지 않았다. 무엇보다도 우리 제품의 경쟁력이 시장에서 입증되었다는 사실에 회사는 완전히 축제 분위기로 휩싸였다. 흥분된 표정으로 축하의 말을 주고받는 직원들을 보고 있자니 그동안의 모든 수고가 영화처럼 스쳐 지나갔고 형언

할 수 없는 짜릿함이 밀려왔다. 그야말로 첫 타석에서 홈런을 친 셈이었다.

NASA에서 주문받은 제품은 부가가치가 매우 높아서 1억 원의 매출로 9천만 원의 영업이익이 생겼다. 대부분의 회사는 손익 분기점을 맞추는 데만 해도 몇 년씩 걸린다. 그런데 나는 아주 적은 자본으로 회사를 시작해서 처음부터 흑자를 내기 시작한 것이다. 이런 회사는 미국의 벤처 역사상 유례를 찾아보기 힘든 매우 드문 일이었다. 지금 생각해도 정말 기적과 같은 일이 내게 일어난 것이다.

고객을 찾아가는 CEO

NASA에서 주문을 따냈다는 소문이 돌자, 우리 제품에 대한 고객들의 신뢰는 높아질 수밖에 없었다. NASA에서의 성공적인 영업을 시작으로 나는 쉬지 않고 고객을 찾아다녔다. 한번은 미국 동부에 있는 '그루만 데이터 시스템(Grumman Data Systems)'이라는 큰 항공기 회사의 구매 담당자 래리를 찾아가 우리 제품을 소개했다. 하지만 이 회사는 경쟁사의 제품을 특별한 문제 없이 쓰고 있었기 때문에 우리와 거래를 트기는 쉽지 않을 것 같았다. 그런데 그로부터 얼마 후 래리로부터 뜻밖의 전화를 받았다.

"스티브, 우리가 쓰고 있는 제품이 고장이 났는지 작동을 안 해요. 그런데 알다시피 파이버먹스 제품이 아니고 경쟁사에서 구입한 것이라…."

"그래요?"

'제품에 문제가 생겼으면 구입한 회사로 연락을 해야지 왜 나한테 전화를 했을까?' 의아하게 생각하며 듣고 있는데 래리가 말을 이어나 갔다.

"실은 납품한 회사에서 사람이 왔다 갔는데 원인을 찾아내질 못했어 요. 자사 제품의 고장을 못 고친다는 게 말이 됩니까?"

"그렇군요. 제가 어떻게 도와드리면 좋겠어요?"

그러자 그는 기다렸다는 듯이 말했다.

"정말 미안해요. 파이버먹스 제품도 아닌데, 우리가 사정이 급해서 도움을 청할 수밖에 없군요."

"알겠습니다. 제가 곧 그리로 가지요"

"스티브, 당신이 직접 오다뇨? 엔지니어를 보내주는 것만으로도 충 분합니다."

"래리, 사안이 급박하고 중대한 모양이니 내가 직접 가는 것이 좋겠 습니다."

그와 통화를 끝내자마자 5시간 동안 비행기를 타고 동부로 날아갔 다. 그리고 몇 시간 안에 고장의 원인을 찾고 문제를 해결하자 래리는 연거푸 감사 인사를 했다. 그 일이 있고 나서 얼마 지나지 않아 그루만 은 우리 회사의 큰 고객이 되었다. 어려운 순간에 그의 요청을 외면하 지 않고 내 일처럼 나서서 도움을 준 데다가 우리의 기술력이 그들을 감동시켰기 때문이리라….

▲ 파이버먹스 시절, 매그넘 출시 기념 IT쇼 참가

　이후에도 나는 다른 큰 거래처들을 찾아 일일이 쫓아다니며 영업 활동에 전력을 다했다. 뉴멕시코에 있는 '샌디아 내셔널 랩(Sandia National Lab)'이라는 회사는 핵폭탄을 개발하는 거대 기업이었다. 이회사의 구매 책임자 피터는 아주 명석한 엔지니어로, 나에게 매우 호의적이며 친절했다. 나는 기회가 될 때마다 그를 찾아가서 향후 어떤 제품을 개발하면 될지, 고객들이 필요로 하는 것은 무엇인지 허심탄회하게 대화를 나누곤 했다. 이 대화를 통해 미래를 내다보는 안목이 키워졌고 기존의 통신방식과는 다른 획기적인 제품을 개발하기에 이르렀다.

　그것이 바로 '매그넘(Magnum)'이라는 제품이다. 내가 창업할 당시 우리보다 훨씬 앞서 출발한 5~6개의 회사가 광섬유통신 분야에서 서로 경쟁하고 있었는데 새로 출시한 제품 매그넘을 계기로 창업한 지

불과 2년 만에 우리가 그 회사들을 앞지를 수 있었다.

나는 고객들을 직접 만나면서 그들의 니즈를 먼저 파악하고 우리 회사 제품에 대해 개선할 점이 있는지 질문하고 파악하기를 게을리하지 않았다. 그들의 요구나 불만족스러운 부분에 귀를 기울여 제품과 서비스의 질을 높임으로써 고객의 만족도를 끌어올리지 않고는 실적 달성은 물론이고 기업의 성공을 장담할 수 없다고 생각했기 때문이다.

내 사전에 '적당히'란 없다

기업 경영에서 분기별 목표 달성은 CEO의 능력을 평가하는 핵심 지표나 다름없다. 한 분기 90일 중 절반 정도가 지날 때쯤이면 해당 분기의 목표 도달 정도를 어느 정도 예측할 수 있는데, 만약 이때 목표에 못 미칠 듯싶으면 나는 평소보다 더욱 열심히 현장을 뛰어다녔다.

거래처를 방문해 고객의 소리를 직접 듣고 아무리 사소한 것이라도 문제점이 발견되면 즉시 긴급회의를 소집했다. 최선책이 나올 때까지 열띤 토론을 주도하고 단지 토론에서만 끝내는 것이 아니라 실제 결과로 도출될 수 있도록 업무를 구체적으로 분담했다. 단계마다 하나하나 점검하며 누락된 부분은 없는지, 제대로 진행되고 있는지 수시로 체크하는 것이 나의 일과였다.

어느 부서에서 구조적인 문제가 발생하면 조직의 구조를 바꾸었고 제품 결함이 발생하면 즉시 관계자들을 모아 개선책을 마련했다. 이렇게 구체적이고 사소한 부분까지 사장인 내가 일일이 챙기는 것을 불편해하는 직원들도 있었던 것 같다.

하지만 '알아서 하겠지!' 하는 태도로 뒷짐 지고 방관할 수는 없었고 상황이 어떻게 돌아가는지, 계획대로 잘되어 가고 있는지 내 눈으로 직접 확인해야만 비로소 안심이 되었다. 나도 사람인지라 매일매일 반복되는 피로와 스트레스가 쌓여갈수록 몸은 녹초가 되었지만 영업 목표를 달성하고 실패하지 않기 위해 쉴 없이 달려가야만 했다.

예상치 못한 복병

파이버먹스가 창업 초기부터 이익을 냈음에도 불구하고 회사를 경영하는 데는 예상치 못한 많은 어려움이 있었다.

두 번째 직장이었던 페일로 시스템이라는 회사에서 영업 지원을 하며 알고 지냈던 고객들에게 파이버먹스 제품의 장점을 설명하고 영업한 것을 두고 자사 기술과 고객 정보를 유출했다며 나를 고소했다. 독자적인 연구로 신제품을 개발한 나는 터무니없는 억측과 억울함으로 인해 거의 패닉 상태에 빠지고 말았으나, 변호사 딕 트롭의 도움으로 누명을 벗을 수 있었다.

파트너와의 불화도 큰 어려움 중의 하나였다. 서로 뜻을 모아 차고에서 창업을 준비했던 투자자 세 명은 우리 교포들이었고 서로 친분이 있는 사이였다. 그런데 사업계획서를 준비하느라 딕 배스를 영입하고 그와 함께 보내는 시간이 많아지자 이를 언짢아하는가 싶더니 회계를 겸할 비서를 채용하는 데 자기들과 상의하지 않았다는 사소한 이유로 노골적인 불쾌감을 드러냈다.

그러나 매일 수많은 일을 처리하고 결정을 해야 할 CEO가 어떻게 일일이 모든 상황을 의논하고 결정할 수 있겠는가? 때로는 신속한 의사결정이 절차보다 중요한 때가 있기 마련이고 하나에서 열까지 모든 과정을 사전 협의를 거치자면 적절한 타이밍을 놓치는 경우가 허다할 텐데…. 어떻게 그들을 설득하고 함께해 나갈 수 있을지 걱정이 태산 같았다. 투자자로서 공헌을 인정하지만, 경영권에 대한 명확한 선을 긋지 않은 채로 경영에 참여시킬 수는 없었기 때문이다.

그 무렵 '서미트 벤처(Summit Venture)'라는 창업투자회사에서 우리 회사에 15억 원을 투자하고 싶다는 연락이 왔다. 이것을 기회 삼아 파트너들에게 지분 매각을 권유했다.

"그동안 여러분이 원하는 대로 다 맞춰주지 못해 미안합니다. 이번 기회에 지분을 매각하는 것이 어떻습니까? 지금 매각하면 투자 대비 5배의 수익을 얻는 셈입니다." 그러자 그들은 투자한 지 2년도 채 되지 않은 시점에서 큰 수익을 얻은 것에 만족하고 지분을 모두 넘겼다. 이로써 불편했던 관계도 원만하게 정리할 수 있었다.

인재 영입과 관련해서도 많은 어려움을 겪었다. R&D(연구개발) 총책임자로 영입한 중국계 엔지니어 존 선(John Sun)은 첫 번째 직장 리튼 데이터 시스템에 근무할 당시 나의 상사였다. 존은 탁월한 재능을 지닌 엔지니어로서 제품 개발 측면에서는 나름대로 기여를 했지만 리더로서 역량이 부족하여 다른 엔지니어들과 수시로 마찰을 일으키곤 했다. 조직에서는 능력 못지않게 중요한 것이 화합과 인성적 역량이기에 안타까운 마음으로 그를 정리할 수밖에 없었다.

얼마 후 그의 후임으로 영입한 얼(Earl)이라는 사람도 문제가 적지 않았다. 일을 열심히 하지 않아 목표한 대로 성과를 내지 못하는 경우가 빈번했는데 한번은 급한 문제가 터져 일요일 아침임에도 불구하고 어쩔 수 없이 전화를 했다. 그러자 그는 해결해야 할 문제에는 관심이 없고 오히려 휴일 아침에 전화한 것에 대해 몹시 언짢아하며 불평을 늘어놓았다. 한배를 탔다고 믿었던 직원의 태도에 실망한 나머지 더 이상 그를 신뢰하고 일을 맡길 수 없을 것 같아 해고를 결정했다.

이후에도 많은 일이 있었지만 그중 가장 뼈아픈 결정은 창업 동지 딕 배스를 해고한 것이다. 딕은 내가 차고에서 1년 동안 시제품을 개발하고 창업을 준비할 당시 사업계획서를 만들고 투자자를 모으는 데 결정적인 역할을 했다. 파이버먹스가 본격 가동되면서 나는 그에게 영업 담당 부사장을 맡겼다. 우리처럼 기술에 기반을 둔 기업은 제품 개발 못지않게 중요한 것이 바로 새로운 시장 개척과 영업이기 때문이다. 이미 선점한 시장이라 하더라도 새로운 경쟁자가 끊임없이 생기고 다른 기업들이 신규 진입할 가능성 또한 커서 나는 항상 이 부분에 긴장을 놓지 않고 있었다.

그런데 딕은 유순한 성격 탓인지 새로운 고객을 찾고 분야를 확장하는 일에 있어서 내가 기대한 만큼 열정을 쏟거나 적극적으로 임하지 않았다. 나는 그의 수동적인 태도에 점차 불만이 쌓여갔다.

출장을 갈 때는 가기 전에 그 목적을 밝히고, 다녀와서는 출장 내용에 관하여 보고하는 것이 당연한데도 딕은 번번이 이를 기피했다. 언젠가 이탈리아 시장 개척을 위해 2주일간 출장을 다녀왔을 때도 마찬가지였다. 이탈리아는 영국, 독일, 프랑스 다음으로 중요한 시장이기 때문에 나는 출장 결과가 무척 궁금했다. 이제나저제나 그가 와서 보고해 주기를 기다렸는데 아무 얘기가 없었다. 참다못한 나는 그를 불러서 물었다.

"딕, 이탈리아는 잘 다녀왔어요?"

"네, 잘 다녀왔어요."

"결과는 어땠어요?"

"자세한 건 나중에 따로 이야기해 줄게요."

하지만 그 후로도 아무 얘기가 없었다. 딕에게만 일을 맡겨 두었다가는 큰 시장을 놓칠 수도 있겠다 싶어 직접 이탈리아로 달려갔다. 가서 보니 딕의 활동 흔적을 전혀 찾을 수가 없었다. 너무 당황스러웠고 화가 났다. '어떻게 이럴 수가 있을까?' 더 이상 그를 신뢰할 수 없었고 그때부터 딕에 대한 고민이 시작되었다. 그는 내가 믿고 의지했던 유일한 미국인이었고 내게 큰 도움을 주었다. 특히나 창업 초기에 그가 없었다면 매우 힘들었을 것이다. 그런 사람에게 회사를 떠나라고 말하려니 차마 입이 떨어지지 않았다.

며칠을 밤잠을 설치며 고민하다 결국 이사들을 만나 조언을 구했다. 이사들은 회사의 장래를 위해서 딕을 내보내는 것이 좋겠다는 결론을 내렸다. 회사는 개인의 것이 아니라 주주들의 것이며, 직원들뿐만 아니라 그 가족들의 생계가 달린 곳이기 때문에 회사 성장에 적합하지 않은 사람을 인정에 끌려 품고 갈 수는 없었다. 어쩔 수 없는 선택이었지만 딕 배스와의 이별은 지금까지도 내게 큰 아픔으로 남아있다.

행운은 준비된 사람에게만 미소 짓는다

파이버먹스를 경영하면서 겪은 어려움은 이루 말로 다할 수 없다. 인력 채용이나 조직 운영에 대한 경험은 물론 미래에 대한 구체적인 비전도 없었기 때문이다. 당시 광섬유를 쓰는 통신 시장은 그리 크지 않았고 시장의 성장 또한 미미한 가운데서 매 분기 성장을 끌어냈으니 얼마나 고군분투했겠는가?

1991년, 우리 회사는 여러 악조건 속에서도 창업 6년 만에 연간 500억 원의 매출을 올리고 평균 순익은 무려 100억 원에 달할 정도로 성장했다. 투자자들에게 이익을 돌려주기 위해서는 회사를 매각하거나 나스닥에 상장을 해야 하므로, 파이버먹스도 매각이냐, 나스닥 진출이냐를 놓고 선택해야 할 기로에 놓였다. 적임자를 찾아 회사를 매각할 수 있으면 좋으련만 자칫 경쟁 회사에서 이 사실을 악용할 수도 있어서 쉬운 일은 아니었다.

1990년대 초 IT 산업의 급성장으로 나스닥에 진출하는 회사가 많아지자 우리 회사의 이사들도 투자금 회수를 위해 나스닥에 상장하기를 희망했다. 그러나 나스닥 상장은 그리 만만한 길이 아니었다. 기업이 어느 정도 규모를 갖춰야 하는 것은 물론이고 최근 몇 년간 꾸준히 이익을 낸 실적자료(track record)에다 앞으로의 성장 가능성을 증명해 보여야 하기 때문이다. 파이버먹스는 힘든 와중에도 꾸준히 성장을 해 온 것은 맞으나 매출 규모가 이미 커져 버린 회사를 계속해서 성장시킬 자신이 없었다.

'이대로 나스닥에 갔다가 성장률이 투자자의 기대 수준에 미치지 못하면 주식은 폭락하고 많은 주주들이 피해를 볼 텐데….'

선뜻 용기가 나지 않았으나 이사들의 뜻에 따라 하는 수 없이 나스닥 상장을 준비하고 있는데, 때마침 이라크 전쟁이 터졌다. 전쟁으로 시장이 불안해지자 많은 회사의 주가가 폭락했고 우리처럼 나스닥에 진출하려는 회사들의 상장도 자연히 뒤로 미뤄지고 있었다.

그때 'ADC 텔레커뮤니케이션(ADC Telecommunication)'이라는 회사가 파이버먹스에 관심을 갖고 찾아왔다.

"파이버먹스를 팔라는 말씀입니까?"

"아시다시피 ADC는 데이터 통신 분야로 사업을 넓혀가려고 합니다. 처음부터 새로 시작하는 것보다는 파이버먹스를 인수하는 편이 도움이 될 것 같습니다. 이렇게 되면 파이버먹스도 우리의 영업망을 통해 더 크게 성장할 수 있을 겁니다."

"하지만 우리는 현재 나스닥 상장을 준비하는 중입니다."

"그 점은 우리도 잘 알고 있습니다."

불확실한 회사의 미래를 놓고 고민하던 내게 그들의 제안은 사실 반가울 수밖에 없었다. 한 달 동안 밀고 당기는 협상이 이어졌고 결국 600억 원에 회사를 매각하기로 결정했다.

차고에서 1억 원으로 시작한 무모한 도전이 6년 만에 600억 원의 가치를 지닌 기업으로 성장한 것이다.

만약 파이버먹스가 단 한 번이라도 목표 실적을 맞추지 못했다면 이런 결과는 쉽게 주어지지 않았을 것이다. 매 분기 성장을 위해 땀과 노력을 쏟아부으며 고군분투했기에 아무도 예측하지 못한 기적과도 같은 결실이 주어졌다.

경험이 불러온 새로운 기회

파이버먹스를 매각하고 난 후 지난 6년의 세월을 차분히 되돌아보았다. 회사를 경영해 본 적이 없었기에 조직을 키우는 데 미숙했고 앞을 내다보는 안목도 부족했다. 회사가 많은 이익을 내고 있음에도 불구하고 미래를 위한 적절한 투자를 하지 못했다. 오로지 실패하지 않겠다는 각오 하나로 누구에게든 묻고 배우며 상식에 의존해 결정하고 달려왔다.

보기 드문 성과를 거두었기에 남들은 쾌거라고 했지만 지나고 보니 아쉬움이 많은 절반 짜리 성공이었다.

회사 매각으로 얻은 100억 원과 함께 계속해서 2년 동안 CEO를 맡기로 했다. 하지만 큰돈을 손에 쥐었다는 기쁨도 잠시, 2년 후 임기를 마치고 나면 무슨 일을 해야 할지 새로운 고민이 시작되었다. 100억 원을 가지고 은퇴하기에는 너무 젊은 나이였다. CEO로서 경험을 살려 다른 IT 회사의 전문경영인으로 취직할 생각도 해봤다.

그러던 어느 날, 파이버먹스 서부지역 영업 담당 매니저로 일하고 있던 유리 피코버(Yuri Pikover)가 사무실로 찾아왔다. 맨손으로 러시아에서 이민 온 유리는 매우 영특하고 진취적인 사람이었다. 영업 활동을 하다 혼자 해결하기 힘든 문제들에 부딪힐 때마다 나를 찾아와 해결책을 물을 만큼 성격이 매우 적극적이어서 죽이 잘 맞았다.

"스티브, 회사를 그만두면 앞으로 무엇을 할 생각이에요?"

"글쎄, 안 그래도 요즘 고민이 많아."

"혹시 창업을 한 번 더 할 생각은 없어요?"

"창업? 지난 6년 동안 얼마나 힘들었는데…. 그 고생을 나더러 또 하란 말이야?"

"그때는 힘들었더라도 지금은 상황이 완전히 달라졌어요. 스티브가 창업하겠다고 하면 투자자들이 서로 돈을 대겠다고 나서지 않을까요? 다들 스티브를 영웅으로 생각할 테니까요. 새로운 사업을 하기로 결정만 하면 다음은 걱정할 필요도 없어요."

"정말 그렇게 생각해?"

"그럼요. 파이버먹스를 창업하고 키우면서 쌓은 경험을 이대로 묵히는 건 너무 아까워요."

그러지 않아도 파이버먹스 시절에 겪었던 시행착오들이 너무 안타깝고 후회가 되던 참이었다. 그때는 아무 경험도 없이 시작한 일이라 어쩔 수 없었지만 이번에는 제대로 할 수 있을 것 같았다.

유리의 제안은 고민하던 나에게 새로운 의욕을 불러일으키기 시작했다. 때마침 랜(LAN)이 등장하면서 미국 IT 업계에 또 한 번의 기술 전환기가 찾아왔다. 당시 컴퓨터 네트워크는 하나의 랜선에 여러 단말기가 연결되어 있어 속도 저하 문제를 피할 수가 없었다. 나는 컴퓨터 몇 대가 연결되든 상관없이 어느 곳에서든 일정한 속도를 유지할 수 있는 '스위칭 랜(Switching-LAN)' 시장이 도래할 것을 예측했다. 그리고 이 스위칭 랜 시장을 선점한다면 반드시 성공하리라는 확신이 들었다.

이렇게 해서 1993년 7월, 두 번째 회사 '자일랜(Xylan)'을 창업했다. 아무런 경험 없이 주먹구구식으로 시작했던 파이버먹스와 달리 자일랜은 그동안의 경험을 살려 처음부터 체계적으로 준비했다.

내가 창업을 준비한다는 사실이 알려지자 유리의 말대로 창업투자 회사들과 예전의 개인 투자자들까지 앞다투어 투자하겠다며 줄을 섰다. 그러자 삽시간에 50억 원의 자본금이 모였다. 3억을 모으기 위해 두 달 동안 힘들게 쫓아다니던 파이버먹스 때와는 사정이 완전히 달라진 것이다. 나는 경쟁사와 차별화된 스위칭 랜을 개발하여, 3년 안에 나스닥에 상장하겠다는 야심 찬 목표로 자일랜이라는 새로운 배를 출항시켰다.

인재 영입을 위한 '십고초려'

두 번째 창업을 하면서 가장 심혈을 기울인 부분은 다름 아닌 '인재 등용'이었다. 좋은 인재들을 뽑고 그들을 어떻게 관리하느냐에 따라 비즈니스의 성패가 좌우됨을 뼈저리게 깨달았기 때문이다. 차별화된 제품을 신속하게 개발하기 위해서는 우수한 엔지니어를 확보하는 일이 무엇보다도 중요했다. 하지만 유능한 엔지니어들은 이미 다른 회사에서 좋은 대우를 받으며 일하고 있었기 때문에 채용 시장에서는 찾아보기가 어려웠다.

나는 주변에 수소문을 해서 숨어있는 인재들을 직접 찾아 나섰다. 그들이 어디에서 일하고 있든 상관하지 않고 만나서 회사의 비전을 나누고 같이 일할 것을 제안했다.

자일랜의 성패는 차별화된 제품으로 빠르게 시장을 선점하는 데 달려 있었기에 우수한 인재 확보에 돈을 아끼지 않았다. 훌륭한 인재들을 영입하기 위해 거절할 수 없을 정도로 높은 연봉과 스톡옵션을 제시했다. 유능한 엔지니어뿐만 아니라 그들을 이끌어갈 최고 책임자를 뽑는 것 또한 중요했다.

이를 위해 여러 곳을 수소문해서 알게 된 인물이 바로 존 베일리

(John Bailey)다. 존은 '타임플렉스(Timeplex)'라는 기업에서 R&D 총책임자로 일하고 있었는데, 능력이 출중하기로 엔지니어들 사이에 소문이 자자했다. 그를 만나보니 성격도 좋은 데다가 젊고 총명해 보였다. 게다가 경험 또한 풍부해서 일을 맡기기에는 그야말로 적임자라는 생각이 들었다.

"존, 나는 당신 같은 사람이 꼭 필요해요. 당신과 함께라면 회사를 성공시킬 수 있다고 확신합니다. 같이 일해봅시다."

"글쎄요. 저는 지금 책임지고 있는 일이 많아서요."

그는 우리 회사로 옮기겠다는 약속을 쉽사리 하지 않았다. 그가 일하고 있는 회사는 우리와 직접적인 경쟁사는 아니었기 때문에 제품 개발에 자문이라도 해 달라고 부탁했다. 존은 여전히 신중한 태도를 고수했지만 나는 포기하지 않고 꾸준히 그를 만나 설득했다.

그러기를 6개월째, 마침내 존이 합류를 결정했다. 들인 공으로 보면 삼고초려가 아니라 십고초려쯤 될까? 인재 영입에 그만큼 정성을 쏟았다. 그가 합류하자 존과 함께 일하던 열 명의 엔지니어도 그를 따라 우리 회사로 옮겨왔다. 나는 천군만마를 얻은 것처럼 든든했고 존은 엔지니어들을 이끌며 신제품 개발을 총괄했다. 실제로 자일랜의 성공은 존의 공헌 없이는 상상할 수 없을 정도로 마지막까지 기여를 크게 했다.

나는 직원을 채용할 때마다 "우리 회사는 할 일이 많은데 여전히 사람이 부족해요. 주당 60시간 이상 일해야 할지도 모르는데 할 수 있겠어요? 대신 보상은 충분히 해 줄게요"라고 명확히 밝히고 이에 동의하는 사람들만 채용했다.

　미국 사람들에게 주 40시간 이상 일하라는 말은 상상도 못 할 일이다. 그러나 회사가 나스닥에 상장하게 되면 엄청난 이익이 돌아갈 것이라고 그들을 설득했다. 나의 이런 열정과 추진력이 두 번의 성공을 가능케 했다고 믿는다.

처음부터 세계를 겨냥하다

　처음 유치했던 50억 원의 자본금이 6개월도 안 돼서 바닥이 날 정도로 인재 영입에 과감한 투자를 했다. 하지만 곧바로 추가 투자금 100억 원이 모였고 나스닥에 진출할 때까지 총 300억 원의 투자를 순조롭게 확보했다. 파이버먹스 시절과는 비교할 수 없는 다른 행보로 과감하게 일을 추진하며 자신감 넘치는 기업인이 되었다.

　우리 제품의 성능은 경쟁사들보다 월등히 앞선 데다 시장 진입 타이밍도 절묘했다. 창업 2년 만에 제품이 개발되었고 완성품이 나오자마자 IBM, DEC, 알카텔(Alcatel), 후지쓰(Fujitsu), 히타치(Hitachi) 등 세계적인 기업들이 우리 제품을 OEM 방식으로 판매하겠다고 줄을 섰다.

　내 예상이 적중한 것이다. 그러나 판매를 그들에게만 의존할 수는 없었다. 자일랜은 시작부터 글로벌 시장을 겨냥하고 있었기에 경쟁사

▲ 자일랜 시절 IBM과 OEM 계약 체결

들보다 먼저 주요 시장을 선점해야만 했고, 이를 위해 공격적인 영업
망 구축이 필요했기 때문이다. 나는 유리와 함께 런던, 파리, 서울, 도
쿄 등 전 세계를 뛰어다니며 신속하게 지사 형태의 자체 영업망을 구
축해가며 세계시장을 공략했다.

20년 만에 이룬 눈부신 성취

2년간의 제품 개발 끝에 1995년 하반기에 자일랜의 첫 제품이 세상
에 나왔고 그해 4분기 매출액 300억 원을 돌파하는 기대 이상의 성공
을 이루었다. 신제품 출시 타이밍이 완벽했고 사전에 영업망을 탄탄하

게 구축해 놓았기 때문에 이런 결과를 낼 수 있었다. 분기마다 밀려드는 주문량을 감당하기 버거울 만큼 쉴 새 없이 제품을 생산했다. 이런 추세라면 다음 해 매출은 1천억 원 이상, 그다음 해에는 2천억 원 달성도 무난해 보였다.

기업 가치는 실적과 기간 대비 성장률에 의해 매겨지고, 지난 실적보다는 앞으로의 성장 가능성에 더 큰 비중을 두는 것이 일반적이기 때문에 나는 지금이 나스닥에 상장할 최적기라 판단하고 긴급 이사회를 소집했다.

"지금이 나스닥 진출에 가장 적절한 시기라고 생각합니다. 내년에는 금년 대비 300% 이상 성장할 수 있고, 그 후에도 해마다 배 이상 성장하리라 장담합니다."

"스티브, 정말 자신 있어요?"

"물론입니다. 지금까지 제가 제시한 목표에 미달한 적이 한 번도 없지 않았습니까?"

일부에서는 조금 성급한 판단이 아니냐는 의견도 있었지만, 나는 이사들을 적극적으로 설득했다.

나스닥 상장을 위해서는 먼저 IB(investment bank)를 선정하고 회사와 관련된 모든 자료와 시장 전망, 경쟁사들과의 비교 등 투자자들이 알아야 할 모든 정보를 담은 자료를 만들어야 한다. 변호사, 공인회계사, 감사 등 여러 전문가와 함께 꼬박 한 달 동안 자료를 준비했다.

준비를 마치고 CFO와 함께 뉴욕, 런던, 파리 등을 돌아다니며 투자자들을 상대로 기업설명회를 했다. 조찬과 오찬으로 나누어 그룹별로 진행했는데 그때마다 자일랜의 구체적인 비전과 미래의 성장 가능성에 대해 열정적으로 설명했다.

"앞으로 컴퓨터가 급속도로 보급되고 컴퓨터의 처리 속도도 훨씬 빨라질 겁니다. 컴퓨터들을 서로 연결하기 위해서는 우리 자일랜이 만드는 스위칭 장비가 반드시 필요하기 때문에 우리 제품의 수요는 폭발적으로 늘어날 것입니다. 보시다시피 자일랜은 작년 4분기에 이미 300억 원의 매출을 이루었고, 금년에는 1천억 원 이상의 매출을 달성할 수 있습니다. 그뿐만 아니라 후에도 매년 배 이상으로 성장할 것을 확신합니다."

여러 명의 수행원을 이끌고 다니는 로드쇼는 많은 투자자들을 만나는 번거롭고 힘든 과정이지만 나스닥에 상장할 기업으로서 절대 생략할 수 없는 통과의례와도 같은 것이다. 기존 항공 스케줄로는 세계 주요 도시를 2주 안에 다 돌 수가 없어서 때로는 전세기를 타고 다니기도 했다. 전세기에서 내리면 길고 큰 리무진이 기다리고 있었고 상상도 하지 못한 긴장되고 흥미로운 여정이 이어졌다. 뉴욕 맨해튼에 있는 100년 역사의 유서 깊은 아스토리아 호텔에 수많은 투자자를 모아놓고 설명회를 진행했을 때의 감회는 지금도 잊을 수가 없다.

1996년 3월, 자일랜을 드디어 나스닥에 상장시킨 그날은 내 평생 가장 기억에 남는 날이 되었다. 특별한 흥분 속에서 길게만 느껴지던 상장 첫날의 주가는 5만 4천 원으로 마감되었다. 하루 만에 100% 이상

폭등한 것이다. 창업 3년도 채 되지 않은 회사의 가치가 무려 3조 원에 이르게 된 것이다.

시장에서도 유례가 없었을 만큼 자일랜의 데뷔가 이례적이었기 때문에 미국 금융시장에 센세이션을 일으켰다.

가난했던 어린 시절과 27살 젊은 나이로 낯선 미국 땅에 건너와서 보다 나은 삶을 살기 위해 쉼 없이 달려온 시간이 주마등처럼 스쳐갔다. 그로부터 20년 만에, 꿈도 꾸지 못했던 일들이 바로 내 눈앞에서 펼쳐지고 있었다. 그동안 얼마나 오랜 시간을 고군분투했던가! 미국 대기업에 엔지니어로 취직하는 것이 최고의 출세라 믿었던 가난한 한국 청년이 말 그대로 '아메리칸 드림'을 이룬 순간이었다.

후지쓰와의 거래에서 얻은 소중한 교훈

자일랜 제품은 창업 초기부터 높은 신뢰를 얻었고 제품 주문 후 수령까지 3개월 이상을 기다려야 할 정도로 인기가 좋았다. 우리가 생산하는 제품은 고객의 다양한 요구사항을 충족해야 하는 아주 복잡한 제품인 데다 거래처마다 요구하는 사양이 모두 달랐기 때문에 주문을 받은 후에야 제품을 생산할 수 있었다.

생산 과정이 일반 제품들과는 비교할 수 없을 정도로 복잡하고 여기에 장착되는 소프트웨어도 고객의 니즈만큼이나 다양했다. 그러다 보니 제품의 품질 관리가 가장 힘들었다.

일본 대기업 후지쓰에도 우리 제품을 공급했는데, 일본의 전압은 미국과 달리 변동 폭이 커서 현장에서 고장이 자주 발생했다. 매번 신속하게 원인을 찾아 해결했음에도 불구하고 후지쓰는 어느 날 제품 품질에 문제를 제기하며 거래를 중단하겠다는 통보를 해왔다. 나는 즉시 담당자와 함께 일본으로 건너가 한 번 더 기회를 달라고 사정했으나 잃어버린 신뢰를 돌이키기에는 너무 늦었음을 깨닫고 돌아왔다.

제품을 공급하기에 앞서 현지 상황에 맞는지 충분히 테스트를 해야 했는데 이 과정을 제대로 거치지 못해서 생긴 문제였다. 이 일을 계기로 품질은 무엇과도 바꿀 수 없다는 소중한 교훈을 새겼다.

성장동력은 내부에서 찾아야한다

자일랜은 창업 초기에 계획했던 대로 때맞춰 공개 시장(나스닥)에 진출했고, 주주들의 기대에 부응하며 순조롭게 성장하고 있었다. 회사의 자본력이 커지자 일각에서는 업계의 작은 회사들을 인수해서 회사의 규모를 키우자는 의견들이 있었다. 유리도 비즈니스 개발 담당 부사장으로 일하면서, 비디오 통신 분야의 유망 기업이 시장에 나왔다며 인수할 것을 제안하기도 했다.

그러나 기업 인수합병(M&A) 시장에 나오는 기업들은 대부분 자체 경영이 힘들어서 매각을 시도하는 경우가 많으므로 자칫 합병을 잘못하다가 애초에 그 회사가 안고 있던 문제들을 고스란히 떠맡게 될 가능성을 배제할 수 없다. 그래서 나는 모든 에너지를 자일랜에 쏟아도 모자랄 판에 위험을 감수하면서까지 다른 회사를 인수할 이유가 없다는 입장을 표명했다. 기업의 성장 동력은 내부의 생산성과 효율성 향상을 통해 확보하는 것이 바람직하며, 문제가 있어서 팔려고 내놓은 회사를 인수하는 것은 옳지 않다는 확고한 신념이 있었기 때문이다.

멘토가 있었더라면

나스닥에서 성공적인 데뷔를 마친 기쁨도 잠시, 앞으로의 경영에 대한 엄청난 부담이 밀려왔다. 나스닥 상장을 앞두고 투자자들을 대상으로 한 기업 설명회에서 "1997년에는 1996년에 비해서 3배 이상의 성장을, 1998년에도 배의 성장을 할 수 있을 것이다"라고 확신에 찬 비전을 제시했었다. 그 후에도 매년 50% 이상의 성장을 끌어낼 수 있을 것이라 확언했기 때문에 우리 회사의 성장 가치와 잠재력을 보고 투자자들이 몰려왔던 것이다. 그 결과 창업한 지 불과 3년 만에 작은 회사임에도 불구하고 투자자들은 3조 원이라는 천문학적인 가치를 유례없이 매겨준 것이 아닌가!

매출 규모가 작을 때는 두세 배의 성장도 비교적 수월했지만 당시 직원 수만 해도 1,000명이 넘을 만큼 회사의 규모가 커졌기 때문에 매년 50% 이상의 성장을 끌어내기가 만만치 않았다. 지속적인 성장을 위해서는 우수 인재를 계속 채용하고 각자 역량에 맞는 인력을 적재적소에 배치해야 하는데, 그 또한 만만치 않았다.

매출을 높이고자 새로운 시장을 개척할 때는 그곳을 관리할 지사를 열어야 함은 물론 미래에 대비해서 늘 새로운 제품을 개발해야만 했다.

어디 그뿐인가? 새로운 경쟁사가 등장할 때마다 차별화된 전략들을 계속 마련하지 않으면 안 되었다. 사업 규모가 커지면 커질수록 예측하기 어려운 다양한 변수들도 함께 증가했고, 그것들을 관리하는 것도 규모가 작았을 때와는 차원이 다르다는 것을 뒤늦게야 깨달았다.

처음부터 높은 목표를 설정하기보다 회사의 성장 단계에 맞춰 점진적으로 기대치를 높였더라면 투자자들의 기대를 충족시키기가 이 정도로 어렵지는 않았을 것이고 나도 회사를 경영하기가 한결 수월했을 것이다. 나스닥에 나갈 당시에 내게 조언을 해 줄 멘토가 있었더라면 이런 우를 범하지 않았을 텐데 의욕이 너무 앞서서 처음부터 너무 높은 목표를 제시한 것이 화근이었다.

15년간 치른 60번의 전쟁

자일랜이 나스닥 데뷔를 화려하게 마치자 주변에서는 성공한 CEO 라며 부러워했다. 하지만 내게는 상승한 기대치에 부응해야 한다는 경영 부담이 너무도 크게 다가왔다. 나스닥 상장으로 회사의 가치는 높아졌으나 동시에 회사의 각종 전략도 그대로 노출될 수밖에 없었다. 3개월마다 회사 실적과 예상 매출 등을 발표해야 했고 기업의 연간 사업계획과 목표 역시 분기별로 나뉘어 시장에 공개되었다. 매 분기 말에 발표되는 회사의 실적에 따라 주가가 등락을 거듭하고 이는 CEO의 경영 능력과 직결되었다.

예를 들어, 주당 목표 이익을 1,000원으로 설정했는데 995원에 그쳤다면 그 5원 때문에 하루아침에 주가가 10~20%씩 떨어지고 주주들의 항의 전화가 빗발친다.

나는 최고 경영자로서 분기별 목표를 맞추기 위해 매 분기 나의 모든 에너지를 다 쏟아부었다. 실적에 대한 스트레스는 이루 말로 다 표현할 수도 없으며 하루하루가 24시간으로는 모자랐다. 한 분기를 힘겹게 마치고 나면 더 힘든 새로운 분기가 기다리고 있었다. 각 분기 초에는 해당 분기에 달성해야 할 목표에 비해 주문량이 절반에도 미치지 못하는 경우가 종종 있었다.

이런 상황에서는 해당 분기 내에 무슨 수를 써서라도 추가 주문을 확보해야만 목표를 달성할 수가 있다. 영업 책임자들은 그때마다 아무 문제가 없을 거라며 안일한 태도를 보였으나 나는 그들의 말만 믿고 가만히 앉아있을 수가 없었다. 현장으로 찾아가 내 눈으로 직접 확인을 하고 나야 비로소 안심이 되었다. 시간을 아끼기 위해 대부분의 출장을 주말에 계획하고 국내뿐만 아니라 거래처가 있는 곳이면 전 세계 어디라도 날아갔다. 유럽이나 동남아 출장을 갈 때면 일주일에 5개국을 돌아보는 강행군을 펼치기도 했다.

납품 일정에 차질이 생기면 분기 실적에 영향을 미치는 게 당연했지만 고객이 원하는 제품마다 사양이 워낙 복잡하고 다양하기 때문에 미리 만들어 놓을 수도 없었다. 유일한 방법은 제품에 필요한 수백 개의 부품을 미리 준비해 두었다가 주문을 받는 즉시 바로 생산하여 차질 없이 납품하는 것뿐이다.

고객의 니즈를 미리 예측하고 그에 맞는 신제품을 제때 출시하는 것도 매우 중요 하지만 제품의 사용 환경이 제각각이다 보니 출시 전 충분한 테스트를 하더라도 현장에서 발생한 예기치 못한 문제까지 완벽히 방지하기는 어려웠다. 다만 문제가 생기는 즉시 고객사에 피해가 가지 않도록 신속히 해결해 주는 것이 최선의 해결책이었다.

기업 경영은 총성 없는 전쟁이다. 실적과의 싸움에서 한시도 방심할 수 없기 때문이다. 이순신 장군은 왜적에 맞서 6년간 23번의 전쟁을 치르는 동안 단 한 번도 패한 적이 없다고 한다. 나 역시 기업을 경영하는 15년간 60번의 전쟁을 치렀고 이 전쟁에서 단 한 번도 패한 적이 없다. 기업을 성공적으로 이끈 CEO들이 많지만 15년간 60번의 전쟁을 치르면서 한 번도 패하지 않은 사람은 아마 없을 것이다. 더구나 동양인으로서 낯선 땅에 가서 이룬 쾌거이기에 더욱 자랑스러운 것이 내 솔직한 마음이다.

끝없는 여정

매 분기 힘든 전쟁을 치르면서도 회사 규모는 점점 더 커졌다. 그러나 프로젝트가 다양해지고 직원 수도 많아지다 보니 언제부턴가 효율이 떨어지는 것을 체감할 수 있었다. 조직이 커지면서 작은 단위의 레이어(layer), 즉 층이 생겼고 거쳐야 하는 단계가 많아질수록 실무자들과 나 사이의 직접적인 소통은 점점 더 힘들어졌다. 직원들을 채용하는 일에도 일일이 개입할 수가 없었고 회사 성장의 중요한 동력인 신제품 개발도 늦어지게 되었다.

이런 문제들을 해결하기 위해서는 제품 개발에 필요한 인재를 계속 공급해야 하는데 실력을 갖춘 적임자를 찾는 것이 쉽지 않았다.

수소문 끝에 찾아낸 인재들이 LA로 이주할 형편이 안 될 때는 그들이 있는 곳에 R&D 센터를 세워서까지 제품 개발에 몰두했다. 그러다 보니 본사가 있는 LA는 물론이고 댈러스, 덴버, 보스턴 등 미국 전역에서 더 나아가 인도에까지 R&D 센터를 세워야 했다. 이런 상황이 지속되니 여러 곳에 분산되어 있는 R&D 센터의 업무를 한 곳에서 총괄하고 관리하는 것도 만만치 않은 일이 되었다.

영업과 기술 개발, 경영이라는 세 가지 핵심 요소의 삼박자가 맞아야 하는데 여기저기서 차질이 생기고 엇박자가 나기 시작했다. 부사장이 12명이나 있었지만 각자 자기 부서 일들을 처리하기 바빴고 나 역시 모든 상황을 일일이 파악하고 관리하지 못할 때도 많았다.

그러는 사이 새로운 경쟁사들이 생기고 뒤처졌던 회사들도 총력을 기울여 뒤쫓아왔다. 오랜 시간 동안 한시도 쉬지 못하고 달려온 나는 몸과 마음이 지쳐가고 있었다. 잠시라도 쉬고 싶었지만 새로 CEO를 영입하려 하면 주식시장에는 '내부에 무슨 문제가 있어서 그만두는 게 아니냐는 루머가 돌 수도 있고 곧바로 주가가 곤두박질칠 것이 뻔했기 때문에 내가 하던 일을 누구에게 맡길 수도 없었다. 나는 이러지도 저러지도 못한 채 끝이 보이지 않는 힘든 여정을 이어갔다.

아시아의 빌 게이츠

힘든 날들이 이어지던 1999년 초 어느 날, 프랑스 대기업 알카텔(Alcatel)의 통신 담당 사장과 최고전략책임자(CSO)가 나를 찾아왔다.

"갑자기 무슨 일로 저를 찾아오셨습니까?"

"알카텔과 자일랜의 합병을 어떻게 생각하십니까? 두 회사가 합병을 하면 여러 면에서 시너지가 매우 크다고 생각합니다만….."

그들은 조심스럽게 회사 매각을 제안했다. 알카텔은 자일랜 초기 시절부터 우리 제품을 자체 브랜드화해서 전 세계에 판매하던 유럽 최대의 통신회사였다. 우리 제품뿐만 아니라 경쟁사인 씨스코(Cisco)의 제품도 함께 판매하고 있었는데, 씨스코와 관계가 틀어지면서 전략적 파트너가 필요했던 것이다. 그들은 알카텔의 음성 통신과 자일랜의 데이터 통신 기술을 접목함으로써 향후 통신 시장의 변화를 주도할 계획으로 합병을 제안한 것이다. 나는 겉으로는 태연한 척했으나 속으로는 그들의 제안이 매우 반가웠다.

한 달 이상의 실사 기간을 가지며 밀고 당기는 협상이 계속되다 2조

▲ 1999년, 알카텔사 매각 계약을 축하하며 유리 피코버, 알카텔社 사장과 함께

원에 회사를 매각하기로 최종 합의했다. 마침내 직원들과 주주들에
대한 무거운 책임감에서 벗어날 것을 생각하니 안도의 한숨이 절로 나
왔다.

자일랜 매각은 모두에게 행복한 결과를 안겨주었다. 투자자들에게
는 100배 이상의 수익이 돌아갔고 자일랜의 많은 직원들이 백만장자
가 되었다. 처음 창업할 때부터 두 번에 걸쳐 투자했던 이들은 무려
2,500배에 달하는 수익을 얻었다. 대주주인 나 역시 큰돈을 벌었고,
가족과 친지 등 주위 사람들을 부자로 만들어줌으로써 그들에게 평생
잊지 못할 은인이 되었다.

자일랜과 알카텔의 인수합병 계약이 체결되자 연일 언론이 떠들썩
했다. 그 당시 업계에서 보기 힘든 거액의 인수합병이었고, 그 중심에

아시아계 CEO인 스티브 김이 있었기 때문이다. 월스트리트저널, 타임 매거진, 비즈니스 위크 등 권위 있는 일간지와 잡지들이 앞을 다투어 '스티브 김이 이룬 자일랜 스토리'를 기사화했다. 당시 동양인으로서 이런 큰 성공을 거둔 유례가 없었기 때문에 한 언론에서는 나를 '아시아의 빌 게이츠'라고 이름 붙여 보도 하기도 했다.

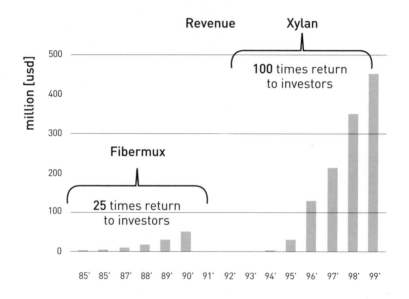

내려올 때를 아는 지혜

미국 IT 산업의 최전선에서 고군분투한 결과 '아시아의 빌 게이츠'라는 과분한 칭호를 얻고 그에 대한 자부심도 컸던 것은 사실이지만 돌이켜보면 너무도 힘든 시간이었다. 주위 사람들은 "스티브 김 덕분에 자일랜이 이렇게 성장했는데, 회사를 매각할 것이 아니라 계속 키워야 한다"고도 했다.

그들의 말대로 계속 끌고 갔더라면 회사를 더 키울 수 있었을지도 모른다. 그러나 2000년대 초에 IT 버블이 발생하고 그로 인해 수많은 기업이 어려움을 겪는 모습을 보면서 '만약 그때 매각하지 않고 계속 경영을 했더라면 나는 과연 그 위기를 헤쳐나올 수 있었을까?' 하는 생각이 든 적도 있었다.

위기에 직면하기 전에 회사를 매각하고 유종의 미를 거두게 되었으니 얼마나 감사한 일인가! 잘 나갈 때 손을 떼는 것은 누구에게나 쉽지 않은 일이다. 그러나 조금만 더 조금만 더 하다 일을 그르치기보다는 '내려올 때를 아는 지혜'를 터득하는 것이 중요하다.

자일랜 매각 후 그동안 애써준 회사 직원들과 이사들을 집에 초대하여 파티를 열었다. 창업 초기부터 나의 열정과 가능성을 믿고 15년간 동고동락한 이들이 돌아가면서 한마디씩 각자의 감회를 이야기했다.

폴 호프는 이 자리에서 "스티브의 첫 회사 파이버먹스에 투자하라는 제안을 받았을 때만 해도 그가 이렇게 큰 성공을 거두리라고 상상하지 못했습니다. 더구나 아무런 경험이 없던 그가 경영까지 잘할 것이란 기대는 아예 하지도 않았습니다. 다만, 1억 원을 가지고 경쟁사보다 훨씬 앞서가는 제품을 만들어 낸 그의 열정을 보고 투자하기로 결정을 했던 것입니다. 한 회사를 창업하여 성공시키는 것도 쉽지 않은 일인데 스티브는 두 번이나 기업을 성공적으로 이끌었습니다. 스티브는 그동안 내가 만나본 사람 중 최고의 경영자입니다. 고맙네! 스티브, 자네가 내 인생을 바꿔 준 거야!"라며 벅찬 감동을 표현했다.

"아니에요. 폴, 오히려 내가 고마워요. 당신이 없었다면 파이버먹스의 성공은 불가능했을 겁니다. 당신은 보잘것없는 나를 믿어주었어요. 결코 잊을 수 없을 겁니다."

폴은 한국에서 입양한 딸이 나의 도움으로 대학까지 잘 마칠 수 있었다며 울먹이면서 고마움을 표시했다. 함께 수고한 많은 사람이 부자가 되었으니 그 기쁨은 말로 다할 수 없었다. 처음 만났을 때 위아래로 훑어보며 나의 능력을 의심했던 폴로부터 존경을 받고 있다는 사실에 가슴이 뭉클해졌다.

화려한 삶을 살다

자일랜을 2조 원에 매각하여 수백 명의 직원들이 백만장자가 되었고 실감이 나지 않을 정도의 큰돈을 벌었다. 1976년 미국으로 건너갈 당시 내 수중에 있던 돈은 단돈 200만 원이었다. 그중 절반을 중고차 사는 데 쓰고 나니 남은 돈으로 한 달 생활하기도 빠듯했다. 생활비와 야간 대학원 학비를 벌기 위해 빌딩 청소, 막노동, 화분 장사 등 주말도 없이 일을 해야만 했다. 그랬던 내가 미국에 온 지 23년 만에 이렇게 놀라운 결실을 이루고 나서야 비로소 시간적 여유와 경제적 자유를 누리게 되었다.

베벌리힐스 중에서도 최상류층이 거주하는 홈비힐스에 대지가 1,200평이나 되는 집을 250억에 샀다. 수영장, 테니스코트는 물론이고 건물 면적만도 400평이 넘는 저택에, 욕실이 11개나 딸려있었다. 게이트를 통과한 자동차가 현관까지 들어오려면 한참을 돌아야 할 만큼 크고 웅장하여 정원 관리비로만 매년 1억 이상의 비용이 들었다. 그림을 사들여 집안의 빈 벽을 채우는 데 2년이 걸렸고, 러시아 화가를 불러 천장에 벽화를 직접 그려 넣었다.

우리 회사에 투자하여 큰돈을 벌게 된 한 투자자로부터 값비싼 스포츠카를 선물로 받기도 했고 아름다운 호숫가에 큰 별장을 사서 요트를 띄우기도 했다. 기업을 경영할 때는 회사의 경비를 아끼느라 늘 3등석을 타고 다녔지만 이제는 1등석을 타고 세계 각국의 휴양지들을 다니며 호화로운 여행을 했다. 골프를 좋아했던 나는 미국에서 의사를 하

▲ 베벌리힐스 주택 전경

▲ 실내로 향하는 현관 입구

다 부동산 재벌이 된 친구 데이빗 리(David Lee) 함께 LA에서 약 40분 거리에 있는 36홀 골프장에 투자자로 참여하며 골프를 즐기기도 했다.

아름다운 저택에 수시로 손님들을 초대하여 파티를 열었다. 화려한 꽃들로 집안을 장식하고 최고급 음식과 와인을 대접하면 모두 행복해했고 나도 그들과 더불어 뿌듯하고 행복한 시간을 가졌다. 성공은 내가 생각했던 것 이상으로 화려한 삶을 누릴 수 있게 해 주었고 동시에 미국 상류층의 고급 사교 문화를 접할 수 있는 계기를 마련해 주었다.

투자자로 만나 오랜 친구가 된 변호사 딕 트룹이 찾아왔다.

"스티브, 자네 LA 오페라 이사로 들어올 생각 없나? 지금 LA 오페라 이사회에는 동양인 이사가 한 명도 없어. 스티브 자네야말로 최초의 동양인 이사가 될 자격이 있지 않겠나?"

"오페라 이사가 되면 어떤 일을 하는데?"

"오페라단을 후원하고 운영에 대해 자문하는 일이라네. 자네처럼 성공한 사람이 문화예술에 기여를 해야 하지 않을까? 특히 이 자리는 돈이 많다고 해서 누구에게나 자격이 주어지는 게 아니야. 사회적으로 존경받을 수 있는 사람이어야 이사로 들어올 수 있다네. 자네만 괜찮다면 내가 이사회에 적극 추천하지. 아마 다른 이사들도 모두 찬성할 거야."

그렇게 나는 LA 오페라의 이사가 되었고 딕 트룹의 말처럼 단순히 재력으로만 할 수 있는 자리가 아니기 때문에 명예롭게 여겨지기도 했다. 40명가량 되는 LA 오페라의 이사들이 1년에 기부하는 돈은 결코 적은 액수가 아니었다. 이사 한 사람당 5천만 원의 기부금을 내고 정기 연주회나 갈라 콘서트 등의 티켓 구매 비용까지 합하면 상당한 액수였다.

미국에 오래 살았지만 비즈니스 외에 별도의 사교 모임에 참여할 기회는 별로 없었는데, 이사회에 가입한 지 얼마 후 레슬리 팸(Leslie Pam)이라는 오페라 이사로부터 연락이 왔다.

"스티브, LA 오페라단의 이사로 참여하게 된 걸 환영합니다. 나는 당신의 멘토를 맡게 된 레슬리입니다."

레슬리는 할리우드 산꼭대기에 있는 그의 집으로 우리 부부를 초대했다. 그의 집에 도착하자 아름다운 선율의 오페라 아리아가 들려왔다. 오디오 사운드가 매우 훌륭하다고 생각하며 실내에 들어서니 젊은 테너가 실제로 노래를 부르고 있었다. 그는 당시 LA 오페라 감독 플라시도 도밍고(Placido Domingo)에게 오디션을 받기 위해 이탈리아에서 온 젊은 성악가였다. 나는 그날 태어나서 처음으로 살롱 음악회를 접하게 되었고 매우 황홀하고 행복한 시간을 보냈다.

젊은 예술가를 후원하는 기쁨

새로운 파티 문화를 접하고 난 후 나도 집에서 살롱 콘서트를 자주 열었다. 외국인보다는 한국 출신의 음악가들을 주로 무대에 세웠다. 우리 젊은 음악가들의 역량이 뛰어남에도 불구하고 정작 그들이 설 무대는 많지 않았기 때문이다. 나는 그들에게 무대를 마련해 주는 한편 미국 사람들에게 한국인의 우수한 예술성을 보여 주고 싶었다. 그래서 예술가들을 돕는 자선 파티를 자주 열었고 파티에서 모은 기금으로 예술가들을 후원했다. 파티에 참석한 손님들로부터 소정의 후원금을 받아서 재능은 있으나 경제적으로 어려움을 겪는 음악가들에게 전달했고 파티에 들어가는 모든 비용은 내가 부담했다.

파티에 참가한 사람들은 최고급 음식과 와인, 수준 높은 음악을 한자리에서 누리며 무척 흡족해했다. 그들과 함께하면서 나 역시 행복했음은 두말할 나위가 없다. 자연히 한국의 유명 음악가들과도 교류할 기회가 생겼다. 한국이 낳은 세계적인 소프라노 조수미 씨를 집으로 초대해서 LA 오페라 기금 마련 파티를 열기도 했다. 그 외에도 소프라노 홍혜경, 세종솔로이스츠와 같은 한국 음악가들이 LA에 올 때면 그들을 위해 많은 손님을 우리 집으로 초대해 멋진 파티를 열어 주었다.

내가 처음 미국에 갔을 때만 해도 미국 사람들은 한국이 어디에 있는지도 모르고, 나를 보면 중국 사람이냐고 묻는 것이 예사였다. 내가 한국에서 왔다고 말하면 북한에서 왔는지 남한에서 왔는지를 재차 묻곤 했다. 그러므로 이런 파티를 통해 그들에게 한국인의 위상과 존재를 알리는 것이야말로 내가 할 수 있는 애국이라고 생각했다.

일에 파묻혀 바쁜 나날을 보내던 시절에는 클래식 음악을 접할 기회가 거의 없었을 뿐만 아니라 예술가들을 지원까지 하게 되리라고는 상상도 못 했다. LA 오페라 이사로 참여하면서부터 오페라 공연을 즐기게 되었고 그 후 우연한 기회에 젊은 음악인들의 콩쿠르 대회에도 가게 되었다. 세계적으로 권위 있는 콩쿠르에서 우수한 성적으로 입상한 한국인이 많고 미국 뉴욕시의 맨해튼에 있는 명문대학 줄리아드 음악 대학원 재학생 중 25% 이상이 한국 학생이라는 사실도 알게 되었다.

나는 '클래식 분야에서 뛰어난 재능을 발휘하는 우리 젊은 음악가들을 위해서 할 수 있는 일이 뭐가 있을까?' 생각하던 끝에 'KIMF(Korea International Music Foundation) 재단'을 설립했다. 내가 이사장을 맡고 친한 친구 데이빗 리, 하연 초(Hayeon, Cho) 등이 이사로 참여하였다.

우리 재단은 연간 5천만 원의 기금을 마련하고 세계 각지에서 활약하고 있는 한국의 젊은 음악가들을 모아 콩쿠르를 열었다. 서울은 물

▲ 살롱 콘서트

론이고 뉴욕을 비롯한 미국 각 지역과 유럽 등 세계 각지에서 젊은 한국인 예술가들이 콩쿠르에 참가하기 위해 모여들었다. 가벼운 마음으로 시작한 것이 기대 이상의 호응을 얻었고 교포들은 참가자들에게 홈스테이를 제공하면서 함께 즐거워했다.

행복은 인정받는 데서 온다

베벌리힐스 근처에 있는 명문대학 UCLA에 1억 원 이상 고액 기부자들은 매년 총장이 주관하는 성대한 파티에 초청받는다. UCLA 치과대학에 10억 원을 기부한 나 역시 초청장을 받았고 들뜬 마음으로 아내와 함께 초대에 응했다.

파티장에 들어서자 멋진 드레스 차림으로 참석한 200여 명의 부부들이 저마다 자태를 뽐내고 있었는데, 그 가운데 동양 사람은 나와 아내뿐이었다. 당시 나는 미국의 주요 언론들이 앞을 다투어 보도하고 '아시아의 빌 게이츠'라고 이름 지어준 '자일랜 성공 신화'의 주인공이었다. 그렇게 미국 IT 역사상 가장 이례적인 성공을 거두며 세간의 화제가 되었음에도 불구하고 우리를 알아보는 사람은 아무도 없었다. 화려한 군중들 속에 있었지만 우리는 그들과 어울리지 못했고 낯선 이들 사이에서 이방인처럼 고독함을 느꼈다. 화려한 성공을 이루고 거금을 후원한 사람으로서 자랑스러운 마음으로 파티장에 들어섰지만 허탈함만 안고 돌아왔다.

그날 이후 행복은 '다른 사람들로부터 인정받는 데서 오는 것'임을 새삼 깨달았다. 많은 돈을 벌고 큰 성공을 거두더라도 남들이 알아주지 않으면 아무 소용이 없다. 사람들은 큰 재산과 명예를 얻는 것이 '더 나은 삶'을 사는 길이라 생각하고 그래야만 행복할 수 있다고 여길 것이다. 그렇기 때문에 목표에 도달할 때까지 현재의 행복은 유보한 채 쉼 없이 달려간다. 그러나 더 높은 목표를 세우고 끝을 알 수 없는 길을 계속 달려가다 보면 본질적인 목적은 잃어버리고 목표만 남게 된다. 진정한 행복이란 열정을 쏟으며 남들로부터 인정받는 현재의 삶, 바로 거기에서 미소 짓고 있음을 나는 분명히 깨달았다.

성공 뒤에 찾아온 불청객

파이버먹스를 창업하고 '절대로 실패하지 않겠다'는 각오로 최선을 다한 결과 회사를 매각할 때 100억이라는 거액이 손에 쥐어졌다. 생애 처음으로 만져 보는 큰돈이었지만 돈의 액수보다는 '내가 드디어 해냈구나!' 하는 감회가 더욱 컸다. 그리고 이어서 '앞으로 무슨 일을 해야 할까?' 하는 고민이 본능적으로 시작되었다. 그 고민은 자일랜 창업으로 이어졌고 6년 만에 이룬 쾌거는 이전보다 훨씬 더 큰돈과 명성을 가져다주었다.

많은 사람들이 나의 성공과 화려한 삶을 부러워했다. 누구나 갖고 싶어 하는 호화로운 저택, 파티, 여행 등 돈과 시간에 구애받지 않고 하고 싶은 것들을 마음껏 할 수 있으니 나 역시 흥분되고 좋았다.

그러나 물질적인 쾌락과 여유로운 시간이 가져다주는 즐거움은 그리 오래가지 않았다. 아무리 값비싸고 좋은 것도 피나는 노력 끝에 소유하게 되었을 때 그 가치가 큰 것이지, 언제든 쉽게 가질 수 있는 것이 되자 더 이상 귀하게 여겨지지 않았다. 휴식과 여유도 마찬가지로 분초를 다투는 바쁜 시간을 쪼개서 쓸 때 훨씬 소중하고 달콤했다. 하루하루를 쉼 없이 달려갈 때는 '대체 언제쯤 마음 편히 쉴 수 있을까? 시간에 쫓기지 않고 여행이라도 할 수 있었으면!' 하고 갈망했었다. 그러나 사업을 정리하고 난 후에는 특별한 일 없이 남아도는 시간을 채우기가 쉽지 않았다. 지루한 일상에 변화를 주기 위해 파티도 자주 열었다. 손님들을 초대하고 최고의 대접을 하기 위해 정성껏 준비하고 분주히 지내다 보면 잠시 외로움도 잊고 설레는 마음과 더불어 들뜨기도 했다.

그러나 화려한 파티가 끝나고 모두가 떠난 자리에는 이전보다 더 큰 허전함이 덩그러니 남겨지곤 했다. 부자일수록, 성공한 사람일수록 더 행복하기 어려운 이유가 바로 이것이다. 이전에는 느낄 수 없었던 외로움을 달래고자 미국 친구들과 어울려 골프도 하고 식사도 함께 했지만 그들의 문화와 정서에 충분히 동화되기는 어려웠다. 한인 사회에도 물론 많은 사람들이 있지만 다들 이국 생활에 정착하느라 너무 바쁘게 살고 있어서 친구를 맺고 함께 시간을 보내기가 쉽지 않았다. 예상치 못한 불청객 '외로움'은 수시로 나를 찾아왔고 이 외로움에서 벗어나기 위해서는 열정을 쏟을 수 있는 새로운 일을 찾아야만 했다.

열정을 찾기 위한 여러 가지 시도

주위 많은 사람들이 사업을 다시 시작해 보라고 했다. 그 생각을 안해 본 것은 아니지만 치열한 경영 일선으로 돌아가는 것은 생각만으로도 끔찍했다. 게다가 돈을 더 벌어야 할 이유도 없었기 때문에 큰 부담없이 경험을 살려서 할 수 있는 일을 찾고 싶었다.

그래서 관심을 갖게 된 것이 창업투자회사다. 나는 이미 많은 투자자들을 알고 있었기 때문에 투자금을 모으는 것은 어렵지 않을 것 같았다. 또 기업 경영을 통해 성공 가능성이 높은 사업을 찾아내는 안목도 생겼으므로 별 무리 없이 잘 해낼 수 있겠다는 판단이 들었다. 창업투자회사를 설립하기로 마음먹고 1천억 원의 자본금을 모았다.

그 무렵 프랑스 파리에서 알카텔사 회장과 우연히 점심 식사를 하게되었다.

"스티브, 앞으로 무슨 일을 할 계획이에요?"

"창업투자회사를 설립하려고 합니다. 창업하려는 사람들이 성공적으로 사업을 이끌 수 있도록 제 경험을 나누면 보람 있을 것 같아서요. 창업 아이템과 시장을 보는 식견 또한 여느 투자자들보다는 나을 것이라 생각합니다."

"그래요? 우리도 마침 미국 시장에 투자를 구상하고 있던 참인데, 우리가 절반을 투자하면 어떨까요?"

이렇게 해서 알카텔 벤처스(Alcatel Ventures)를 설립해 다시 비즈니스 일선에 뛰어들었다.

그런데 막상 시작하고 보니 1990년대 초와는 비교할 수 없을 만큼 벤처 열기가 최고조에 달해 있었다. 너도나도 벤처를 하겠다고 나섰고 그 바람에 창업투자회사뿐만 아니라 소액 투자자들까지 그 수를 헤아리기 어려울 정도로 많아져서 옥석을 가리기가 모래 속에서 진주를 찾는 것만큼 힘들었다.

성공 확률은 낮아지고 투자 자금을 회수하는 사이클도 갈수록 길어졌다. 게다가 창업을 시작하려는 사람 중에는 정직하게 기업을 이끌어 온 내 원칙과 맞지 않는 경우도 많았다. 어떻게든 투자를 받기 위해 회사의 가치를 부풀리기에만 급급할 뿐 정확한 정보를 제공하지 않았다. 그러다 보니 그들이 내놓은 자료를 신뢰하기도 어려웠고 자기들이 제시한 목표를 한 분기도 못 맞추는 회사가 태반이었다.

이런 상태에서 불확실한 투자를 계속할 수는 없는 노릇이었다. 그러던 중 IT 버블이 터지고 말았다. 나는 남은 돈을 투자자들에게 돌려주고 이미 투자한 회사들의 관리에만 힘썼다. 보람 있고 의미 있는 일에 열정을 쏟고 싶어서 다양한 시도를 했지만 웬만한 것에는 흥미를 느끼지 못했고 딱히 하고 싶은 것을 찾지 못했다. '어떻게 하면 행복한 삶을 살 수 있을까?' 하는 고민이 다시 시작되었다.

Chapter 3

사람을 살리는 일, 꿈희망미래

*

아이들 스스로 변화를 경험하고
결과를 내기 위해서는 차별화된 방식이 필요했다
교육의 '교'자만 들어도 귀를 닫아 버리는
아이들을 어떻게 하면 즐겁고 행복하게
해 줄 수 있을까? 자나 깨나 늘 그 생각뿐이었다

자신의 수고와 노력으로 교육 현장에서
변화를 목격하는 강사들의 보람과 성취를
세상 어떤 것과 비교할 수 있겠는가?

*

30년 만의 영구 귀국

사업을 정리하고 경영 일선에서 물러난 후부터는 세계 곳곳으로 여행을 다녔고 한국에도 여러 차례 방문했다. 2006년 8월에도 가족과 함께 한 달 동안 한국에 머물다 돌아갔는데, 살고 있던 LA 집이 오히려 휴양지같이 낯설게 느껴졌고 더 이상 미국에서 살아야 할 이유가 없다는 생각이 들었다.

그래서 이듬해인 2007년 6월, 30여 년의 미국 생활을 정리하고 한국으로 오게 되었다. 가난에서 벗어날 희망이 보이지 않던 우리나라가 한강의 기적을 이루고 선진국이 된 것과 같은 시기에 '기회의 땅'에서 고군분투하다 중년이 되어 금의환향하는 내 모습이 묘한 교차를 이루며 새로운 감회로 다가왔다.

한국에서의 새로운 생활은 놀라운 것이 한두 가지가 아니었다. 웬만한 물건들이 하루 만에 현관 앞에 도착했다. 통영 굴, 군산 앞바다에서 잡은 꽃게 등이 서울까지 배송되어 저녁상에 올라오다니…. 미국에서는 상상도 못 할 일이었다. 새벽부터 밤늦게까지 열심히 일하는 사람들 덕분에 택배, 대리운전, 포장이사 등이 너무도 편리했고 식당이나 마트 어디에서나 얼마나 친절하고 서비스가 좋은지 감탄이 절로 나왔다.

친숙하면서도 낯선 한국

타국에서 이민족으로서 겪은 고독과 외로움을 날려 보내고 좋은 친구를 많이 사귈 수 있으리라는 기대감에 부풀어 흥분된 마음으로 여러 모임에 참석했다. 한번은 정·재계의 유명 인사들이 모여 골프 라운딩을 마치고 저녁 식사까지 이어지는 모임에 초대받았다. 이름만 들어도 알 만한 사람이 여럿 있었고 다양한 사람들이 모인다기에 들뜬 마음으로 참석했다. 실제로 언론을 통해 안면이 익숙한 사람들도 있어서 18홀을 도는 동안 그들에게 다가가 내 소개도 하고 무슨 일을 하는지 어떻게 이 모임에 오게 됐는지 대화를 시도했다.

그런데 그들은 말을 붙인 게 무안할 정도로 성의 없이 대답하고는 나에게 아무런 질문도 하지 않았다. 서로 관심을 갖고 대화하는 것 자체를 불편해하는 게 아닌가 하는 생각이 들 정도였다. 처음 만나는 사람들에게 순수한 관심을 보이고 자연스럽게 대화를 주고받는 게 당연하다고 여겼던 나는 이런 상황을 도무지 이해할 수가 없었다.

함께 운동하면서 즐거운 시간을 보내리라 기대하고 나갔다가 오히려 실망만 남게 된 것이다. 그렇게 골프 라운딩을 마치고 저녁 식사 시간이 되었다. 술이 들어가자 한 사람씩 돌아가며 기발한 건배사를 외쳤다. 그리고는 그 자리에 없는 제3자 또는 군대 얘기를 하며 의미 없는 잡담들만 이어갔다. 새로운 사람들과 사귀면서 진솔한 대화를 나누고 싶었던 나는 씁쓸하고 허탈한 마음으로 돌아왔다.

그리고 얼마 뒤 나의 귀국을 환영하기 위한 동문회가 열린다고 해서 참석했다. 몇십 년 만에 만나는 동창들이라 반갑기도 하고 궁금한 것도 많았기에 먼저 다가가 악수를 하고 얘기를 건네 보려 했지만 모두 형식적인 인사만 하고 명함 주고받기에 바빴다. 미국 생활은 어땠는지, 한국에는 왜 오게 됐는지, 앞으로의 계획은 어떤지 등 관심을 갖고 묻는 사람이 없었다. 내가 묻는 말에도 "그저 그래, 사는 게 다 그렇지 뭐" 등 형식적이고 성의 없는 대답뿐이었다.

나는 이 많은 사람들이 그 자리에 왜 모였는지 도무지 알 수가 없었다. 그 후 다른 모임에도 몇 번 나가봤지만 상황은 크게 다르지 않았다. 미국에서 이방인 같은 느낌을 내가 태어나고 자란 모국에서도 피할 수 없다는 사실에 서글퍼졌다.

모국으로의 영구 귀국을 결심하고부터 가졌던 흥분과 기대는 점점 실망으로 다가왔고 바쁘게 달려가는 사람들 속에서 나는 딴 세상에 있는 것만 같았다. 나를 만나고 싶다며 간혹 찾아오는 사람들조차 '미국에서 많은 돈을 벌고 크게 성공한 사람'에 대한 가벼운 호기심이 대부분이었지 '김윤종'이라는 사람에 대해서 순수한 관심을 갖고 다가온 사람은 거의 없었다. 처음에는 좋은 친구를 얻고 싶은 마음에서 거절하지 않고 시간을 할애했지만 시간이 갈수록 이런 만남에 회의를 느꼈고 미국과 한국의 다른 문화 속에서 형언할 수 없는 외로움과 허탈함이 밀려왔다.

새롭게 열정을 쏟을 만한 의미 있는 일을 찾는 것도 쉽지 않았다. 2001년에 설립한 꿈희망미래 재단의 장학사업도 구체적으로 들여다보면서 '더 의미 있게 할 수 있는 일이 무엇일까?' 다양한 측면에서 고민했다. 학교를 세우라는 사람도 더러 있었지만 학교 운영에 대한 구체적인 지식도 없는 데다 보여 주기 식의 형식적인 일에 시간과 돈을 쓰고 싶지는 않았다. 사각지대를 찾아서 직접 관리하고 싶었으나 구체적인 아이디어를 발견하기까지 돈을 잘 쓰는 것이 버는 것보다 오히려 어려울 수 있음을 실감했다.

모교 강단에 서다

한국에 돌아온 것이 모교인 서강대학교에 알려지자 경영대학원에서 모교 출신으로는 처음으로 내게 명예박사 학위를 수여하고 초빙교수로서 강의해 줄 것을 요청했다. MBA를 전공하지도 않은 내게 쉬운 일이 아니었지만 모교의 청을 거절할 수도 없고 이것 또한 새로운 도전이겠다 싶어 수락했다.

'실전 경영'이라는 과목을 맡은 나는 두 번의 창업과 기업 경영을 통해 체득한 실제적인 노하우를 이론이 아닌 경험을 토대로 쏟아냈다. 수많은 시행착오와 그것을 해결해 나가는 과정에서 얻은 삶의 지혜를 진솔하게 들려주자 학생들은 호기심 가득한 눈빛으로 강의에 집중했고, 야간 수업이었음에도 불구하고 매 수업마다 강의실에는 의욕과 생동감이 넘쳐났다. 학생들은 강의 내용뿐만 아니라 삶의 고민과 현장에서 부딪히는 다양한 어려움들에 대해 수시로 질문했다.

나는 이들이 처한 어려움을 누구보다 깊이 이해할 수 있었다. 나 역시 노동으로 지친 몸을 이끌고 야간 대학원에 다녔던 시절이 있었기 때문이다. 그들이 질문할 때마다 성심성의껏 조언하고 용기를 북돋아주었다. 그리고 수업 시간이 1분 1초도 헛되지 않도록 최선을 다했다. 학생들은 나의 따뜻한 마음과 열정에 고마워했고 나 역시 다른 사람의 삶에 긍정적인 영향을 줄 수 있다는 사실이 얼마나 감사했는지 모른다. 강의를 마치고 교정을 빠져나올 때면 미국에서 야간 대학원을 다녔던 시절을 떠올리며 특별한 감회에 젖곤 했다.

소통을 통한 맞춤형 강의

그 무렵 '인간개발연구원'에서 주최하는 30주년 기념행사의 주 강사로 초청을 받았다. 큰 행사에 모인 다양한 청중들에게 어떤 감동을 줄수 있을지 조금은 부담이 되었지만 강의 요청을 거절할 수가 없어 내경험과 생각들을 가식 없이 풀어냈다.

이른 아침부터 모인 사람들과 삶의 지혜를 나누는 의미 있는 시간이 되기를 바라며 성심을 다했다. 강연이 끝나자 청중들은 일제히 기립박수를 쳤다.

내가 말을 잘한 것도 아닐 텐데 이렇게 뜨겁게 환호하다니···. 나의 강연이 다른 사람들을 감동하게 했다는 사실이 놀랍기만 했다.

그날 이후로 강연에 대한 자신감이 붙었고 남 앞에 서는 것이 더 이상 두렵지 않았다. 내 이야기가 사람들 입에서 입으로 전해져 강연 요청이 이어졌고 대상도 CEO, 직장인, 학부모, 대학생, 청소년, 일반 시민 등 다양했다.

나는 모든 강연에 앞서 각 청중의 관심과 필요를 파악하고 그에 맞는 내용으로 준비했다. 청소년과 청년들에게는 '성공의 7 키워드', '도전 없는 행복은 없다', '인성이 스펙이다', '차별화 전략' 등을 주로 강의했

▲ CEO 대상 특강

고 학부모들에게는 '부자들의 자녀 교육 방법', CEO들에게는 '미국에서 통한 한국식 경영'과 '소통의 리더십'을 주제로 강연했다. 또한 일반

▲ 태봉대안고등학교 강연

▲ 학교 강당에 모여 진행한 청소년 특강

시민들에게는 '행복을 주도하는 삶', '하나님의 섭리' 등 다양한 주제로 이야기를 나누었다.

복잡한 이론이나 학문적인 개념보다 내 삶을 통해 얻은 경험과 깨달음을 편하게 주고받으며 재미있게 이끌었다. 최근에는 안타까운 교육 현실 속에서 오직 한길만을 향해 가는 청소년들을 찾아가 "차별화가 살길이다!"라고 일깨운다.

그들이 내 강의를 들을 수 있는 단 한 번의 기회일지도 모른다는 생각을 하면 절대로 게으름을 부리거나 대충 할 수가 없다. 대상을 막론하고 그날 강연을 듣는 사람들로부터 최대의 감동을 끌어내기 위해 매 순간 애쓰며 준비했다.

서울사이버대학의 석좌교수로 재직 시 녹화한 10회의 기획특강은 서울사이버대학교와 우리 꿈 희망미래재단의 홈페이지, 그리고 스티브 김 TV 유튜브에서 쉽게 볼 수 있다.

유튜브 채널
「스티브 김 tv」

《아시아의 빌 게이츠 스티브 김의 성공신화》 출간

내가 태어나고 자란 고국인데도 30년 만에 돌아오자 여러모로 적응하기가 어려웠다. 사람에 대한 실망과 문화적 충격이 거듭되었지만 그럴수록 열정을 쏟을 만한 의미 있는 일을 찾는 것에 더욱 몰두했다. 그러다 우연히 한 교수님의 권유로 책을 출간하게 되었다.

"회장님, 요즘 우리 청소년들에게 롤모델이 누구냐고 물으면 빌 게이츠나 스티브 잡스 등을 듭니다. 하지만 회장님께서 이룬 성공이야말로 우리 청소년들에게 귀감이 되지 않겠습니까? 게다가 성공한 이후 회장님께서 실천하시는 '노블레스 오블리주' 또한 청소년들이 롤모델로 삼고 배워야 하지 않겠습니까? 아직 회장님에 대해 모르는 사람이 너무 많은데 우리 청소년들을 위해 책을 쓰시면 어떨까요?"

"책을 쓰라고요? 아유, 저는 학교 다닐 때도 국어를 잘 못했어요. 말도 잘 못하고 글은 더더욱 쓸 줄 모릅니다."

"회장님, 무조건 아니라고만 하실 게 아니라 진지하게 생각해 보시지요. 글솜씨가 중요한 것이 아니고 회장님의 경험과 삶의 지혜를 나누어 주신다는 것에 의미를 두십쇼. 회장님의 도전 정신과 성공 스토리가 다른 사람에게 분명한 꿈과 희망이 될 것입니다."

내 이야기를 책으로 쓸 생각은 한 번도 해 본 적이 없지만 교수님의 지속적인 권유와 여기저기서 책을 쓰라는 이야기가 심심찮게 나와서 책 출간을 놓고 진지하게 고민하기 시작했다.

'자기가 처한 어려운 환경으로 인해 꿈을 포기하거나 좌절하는 청소년들에게 힘들었던 역경을 딛고 일어선 나의 이야기가 희망이 될 수 있다면 나름대로 의미가 있지 않을까? 창업을 하려는 사람들에게도 내 경험에서 나온 실제적인 조언이 큰 도움이 될 수 있을 거야.'

고민 끝에 2007년 9월, 《아시아의 빌 게이츠 스티브 김의 성공 신화, 꿈희망미래》라는 제목으로 책을 출간하게 되었다. 가난했던 어린 시절부터 청소년기의 방황과 창업 과정에서 겪었던 시행착오 등 삶의 경험을 있는 그대로 나눔으로써 독자들에게 실질적인 도움이 되기를 바랐다.

책은 출간과 동시에 독자들에게 큰 반향을 일으켰고 각종 매체 등 다양한 곳에서 인터뷰와 강연 요청이 쇄도했다. 「희망특강 파랑새」, 「백지연의 피플 인사이드」, 「일류로 가는 길」, 「이야기 쇼 두드림」, 「아침 마당」, 「허참의 토크&조이」, 「EBS 초대석」 등 공중파와 케이블 TV 프로그램 등에 출연하고 여러 언론의 취재에도 진솔하게 응했다.

책을 출간한 직후에는 연간 200회가 넘는 강연으로 전국을 돌았고 이후에도 매년 120회 이상의 강연을 했다. 외부 일정이 없을 때도 강연을 들었던 많은 사람들이 고민을 털어놓고 조언을 구하기 위해 수시로 찾아왔다. 사업을 할 때처럼 시간에 쫓기지는 않았으나 하루하루가 의미 있고 바쁘게 지나갔다. 우연한 계기로 책을 출간함으로써 치열하게 살아온 나의 삶에 큰 위로와 박수를 받으며 그토록 갈망했던 바쁜

▲ 강연 후 독자와 기념 촬영

▲ 서울여대 특강 (출처: 서울여자대학교)

일상과 열정을 다시 찾게 되었다.

우리 아이들을 살려 주세요

　나의 경험과 시간이 이토록 귀하게 쓰이다니! 다양한 사람들과 고민을 함께 나누며 강연으로 바쁘게 지내는 일이 보람차고 행복했다. 그러나 때때로 강연을 듣고도 자기 생각이나 행동 방식을 바꾸고자 적극적으로 노력하지 않는 사람들을 보면 회의감이 들기도 했다.

　어느 날 강경상업고등학교의 교장 선생님으로부터 전화를 받았다.

　"회장님, 우리 아이들에게 회장님의 강연을 꼭 들려주고 싶습니다. 바쁘시겠지만 제발 한 번 와 주십시오."

　강연 일정을 잡고 충남 논산시 강경읍으로 내려갔다. 이 학교는 한때 재학생이 1,500여 명에 이르는 3대 명문 상고 중의 하나였다. 그런데 내가 그곳에 방문했던 당시에는 겨우 400명에 그칠 정도로 규모가 작아져 있었다. 서울과 대도시로 인구 집중 현상이 그만큼 심각해진 것이다. 그보다 더욱 놀라운 사실은 절반 이상의 학생들이 기초 생활 수급 대상자이거나 결손 또는 조손 가정이라는 점이었다.

　"이 아이들은 미래에 대한 아무런 꿈도 꾸지 못하고 있습니다. 뚜렷한 목표도 없고 동기가 없다 보니 하루하루를 그냥 흘려보내는 실정입니다. 아이들이 이대로 졸업하면 어떻게 될까요? 지금 이렇게 방치하면 훗날 엄청난 사회 문제가 될 수 있습니다. 호미로 막을 것을 가래로도 못 막는 지경이 될 것입니다. 심각해요.”

교장 선생님의 걱정은 이만저만이 아니었다. 말씀을 듣고 있자니 학교라기보다 마치 보호시설처럼 여겨지기까지 했다. 소신껏 교육하리라 다짐했던 교사들은 초심을 잃어버린 채 ‘졸업할 때까지 제발 큰 사고만 치지 말아다오’ 눈치 보며 사정하는 형국이었다.

내가 학교 다닐 때는 비록 가정 형편이 어려워도 열심히 공부해서 가난으로부터 벗어날 수 있었고 많은 사람들이 어려운 환경에서도 각자의 길을 찾아 일어선 것 아닌가! 그런데 더 이상 ‘개천에서 용이 나는 것’은 불가능하고 가난을 극복하기도 쉽지 않다는 교장 선생님의 이야기를 듣고 나는 엄청난 충격을 받았다.

답답하고 착잡한 마음을 안고 강당에 들어서자 아이들은 마치 세상을 다 산 것처럼 널브러져 있었다. 새로운 것에 대한 호기심이라고는 찾아볼 수 없었고 아예 강의를 들으려고조차 하지 않았다. 교장 선생님의 하소연이 그대로 내 눈앞에 드러난 것이다. 생기발랄한 눈빛으로 반짝거려야 할 청소년들이 어쩌다 이 지경이 되었는지 도무지 알 수가 없었다.

‘이 아이들이 과연 행복하게 살 수 있을까?’

‘감수성이 가장 풍부하고 중요한 이 시기를 의미 없이 낭비하지 말아야 할 텐데!’

‘어떻게 이 아이들을 일깨울 수 있을까?’

강연을 마치고 돌아오는 내내 고민을 떨쳐버릴 수가 없었다. 그리

▲ 입시 위주의 교육 현실에 지친 청소년들

고 어떻게 해서든 이 아이들이 행복한 미래를 꿈꿀 수 있도록 돕고 싶었다.

청소년을 품은 새로운 사명

그날 이후로 성인들을 위한 강의보다 청소년을 더 우선적으로 찾아가서 꿈과 희망을 주기로 결심했다. 청소년들이야말로 우리의 미래이므로 그들을 방치해서는 안 된다고 생각했고, 나라도 나서서 뭔가를 해 주고 싶었기 때문이다. 아무리 먼 지방에 있는 학교라도 거절하지 않았고, 두세 학교씩 일정을 맞추고는 땀에 젖은 셔츠를 차 안에서 갈아입을 정도로 의욕적으로 강연에 임했다.

그런데 강당에 모인 학생들은 나의 이런 간절함이나 안타까운 마음과는 무관하게, 마지못해 끌려온 기색이 역력했다. 매일 반복되는 주입식 교육에 지친 탓인지 조금만 재미없어도 졸거나 잡담을 하기가 일

쑤었다.

어떻게 하면 아이들이 내 말에 귀를 기울이고 집중할 수 있을까 늘 고민하며 다양한 시도를 했다. 정장보다는 가벼운 캐주얼 차림을 하고 노래도 함께 부르면서 아이들과의 경계를 허물어 가기 시작했다. 흥미를 끌기 위해 배워 둔 마술을 보여 주기도 했다. 가난한 집에서 태어나 방황했던 학창 시절, 군대에서의 경험, 창업하면서 겪었던 애로사항 등 다양한 에피소드를 통해 어떤 상황에서도 포기하지 말고 용기와 자신감을 가지라고 설득했다.

"사람은 누구나 행복하기 위해서 태어났단다. 그런데 행복은 그냥 주어지는 것이 아니라 스스로 고민하면서 만들어 가는 거란다. 자신이 처한 환경에 맹목적으로 끌려가지 말고 어떻게든 돌파구를 찾아 시도해봐야지."

"사람마다 흥미와 관심 분야가 다르고 타고난 재능도 제각각이야. 공부에 재능이 있는 사람이라면 모를까 그렇지 않다면 공부 외에 자신이 잘할 수 있는 것을 부지런히 찾아봐야 하지 않겠니? 남들이 학원에 가니까 나도 가고, 친구가 대학에 가니까 덩달아 가는 식으로 시간을 허비하다 10년, 20년 후의 자기 모습이 어떨지 상상해 봐. 뭘 하든 목표와 목적이 있어야 능률도 오르고 즐겁단다."

"지금 너희들은 감수성이 예민해서 새로운 것을 습득하기에 가장 좋은 때야. 책도 많이 읽고 동아리 활동이나 예·체능 등 다양한 경험을 하면서 자기가 좋아하는 것과 잘할 수 있는 것을 발견하면 좋겠어. 자기가 하고 싶은 것, 잘하는 것을 하다 보면 새로운 것을 알아가는 즐거움에 빠져서 시간 가는 줄 모를 거야. 그 과정이 얼마나 뿌듯하고 행복하겠니? 스스로 얻은 자신감과 성취감이야말로 뭐든지 할 수 있는 소중한 자산이 된단다. 다른 사람으로부터 인정받고 신뢰와 지지를 받게 되면 매 순간이 행복할 거야."

아이들은 내 말에 수긍이 가고 감동할 때마다 크게 환호하며 박수를 쳤다. 남의 말에 좀처럼 귀 기울이지 않고 10분도 집중하기 어려운 청소년이라고들 하지만 질문을 주고받으며 공감하다 보면 2시간이 훌쩍

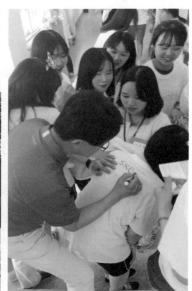

▲ 강연 후 아쉬움으로 길을 막는 학생들과 함께

지나간다. 강연 도중 수시로 질문을 하고 대답한 학생들에게 내 책을 선물로 주고 일일이 사인을 해 주었다. 강연이 끝나고 아이들과 함께 사진을 찍으며 진심으로 격려해 주면 저마다 상기된 표정으로 흥분을 감추지 못한다. 그리고 "꼭 실천하겠습니다. 오늘 들은 말씀을 오래 기억하겠습니다. 아저씨도 저 잊지 마세요" 하며 결의에 찬 약속을 한다.

어른들의 욕심으로 안타까운 교육 현실에 처한 아이들에게 꿈과 희망을 주는 시간이야말로 매우 특별하고 행복한 일이 되었다.

예순에 들은 황홀한 고백

강연을 마치고 나면 그날 받은 감동과 결심을 학생들 스스로 손을 들고 나와서 발표하는 '용기 선언식'을 하게 한다. 무대 위로 올라와 여러 사람 앞에서 말하기까지는 큰 용기가 필요하지만 실제로 해봄으로써 무대 공포증을 이기고 자신감을 얻게 된다. 그리고 이 경험은 오랫동안 기억될 뿐만 아니라 자기가 말한 것을 지키고자 하는 책임감도 훨씬 커져서 강연을 통해 깨달은 것을 실천하고 삶에 적용하고자 더욱 애쓸 것이라 믿기 때문이다.

"저는 매일 똑같이 반복되는 생활에 숨이 막힐 지경이었습니다. 그런데 부모님이나 선생님들은 저의 이런 마음을 이해해 주지 않았어요. 좋은 직장에 취직하고 잘살기 위해서는 공부를 잘하는 것밖에는 길이 없다고 했습니다. 그런데 오늘 아저씨께서는 '방황도 학습이다'라고 하시면서 잠시 책을 덮고 내가 뭘 좋아하는지, 잘하는 것이 무엇인지 발견하는 것이 더 중요하다고 하셨습니다. 그리고 제발 해 보고 싶은 것 좀 해 보라고 하시는 아저씨 말씀을 들었을 때 제 가슴이 뻥 뚫리는 것 같았습니다. '아, 이 세상에 나를 이해해 주는 사람도 있구나!' 하는 생각과 함께 경험보다 귀한 공부는 없다는 것도 알게 되었습니다. 그동안 아무 의욕이 없고 재미없었던 이유는 제 인생의 목표가 부모님에 의해서 결정되었기 때문인지도 모르겠습니다. 저는 오늘 제 삶에 대한 새로운 애착을 갖게 되었습니다. 행복한 삶을 위해 진지하게 고민하고 의미 있는 방황을 해 보겠습니다. 제가 최선을 다하고 제 행동에 스스로 책임질 수 있다면 부모님께서도 저를 신뢰하고 지지해 주시리라 믿습니다. 아저씨, 오늘 제게 큰 충격을 주셨습니다. 반드시 성공해서 아저씨를 찾아가겠습니다. 저를 잊지 말고 꼭 기억해 주세요. 고맙습니다."

"결과보다는 과정을 중시하라는 말씀에 정말 큰 감동을 받았습니다. 그동안 최선을 다하지 않고 늘 좋은 결과만 바란 제 행동과 생각에 문제가 있음을 깨달았습니다. 노력도 하지 않고 성적만 좋게 나오기를 바란 제가 너무 부끄러웠습니다."

"대부분의 사람들은 대기업에 다닌다고 하면 부러워하는 반면, 중소기업에 다닌다고 하면 낯빛을 바꾸면서 화제를 돌리곤 하죠. 그런데도 중소기업을 추천하시는 선생님께 깊은 감명을 받았어요. 대기업에서는 부속품에 불과하지만 오히려 중소기업에 더 기회가 많다는 것을 깨닫게 해 주셨어요. 지금부터 열심히 공부하고 자격증도 따서 제가 취직하는 회사에서 없어서는 안 될 사람이 되겠습니다."

"공부가 싫으면 하지 말고 책을 덮으라는 말씀이 저에겐 충격이었어요. 좋아하는 것과 정말로 하고 싶은 것이 무엇인지 고민해 보지도 않고 늘 공부만 생각하고 높은 성적을 유지하려고만 했어요. 저도 빨리 꿈을 찾고 구체적인 목표를 정해야겠다고 결심했습니다."

▲ 강연 후 용기 선언을 하는 학생과 함께

나보다도 덩치가 큰 녀석들이 무대 위로 올라와 수백 명의 학생들과 선생님들이 바라보는 앞에서 어깨가 들썩이도록 감정에 복받쳐 울먹거린다. 재능이며 흥미가 제각각 다른 녀석들을 공부만이 살길이라며 한길로 가게 하니 어찌 힘들지 않겠는가? 무대 위로 올라온 학생들이 가슴속 깊이 억눌린 감정들을 토로하면 강당을 빼곡히 채운 남은 학생들도 숙연해진다. 밝고 열정적으로 뛰어다녀야 할 청소년들이 왜 이렇게 힘들어야 하는지 안타깝지만 따지고 보면 아이들만 힘든 것도 아니다. 선생, 부모 할 것 없이 모두가 고통을 짊어지고 있는 것이다. 이러한 우리 현실을 바라보면 뭔가 잘못돼도 한참 잘못된 것 같은 생각을 떨쳐버릴 수가 없다. 아이들은 자신들의 처지를 이해하고 얘기를 들어주는 것만으로도 속이 후련해지고 마음을 놓는 것처럼 보인다.

세 번째 창업, 꿈희망미래 리더십 센터

헤어지기 아쉬워하는 아이들을 뒤로하고 차에 올라타면 가슴 뿌듯한 감동이 밀려오는 반면, 오늘 결심한 대로 과연 새로운 시도를 할 수 있을지 의문이 들었다.

'자신이 처한 환경이 바뀌지 않고 오늘과 같은 감동조차 식어 버리면 결심한 바를 일상의 삶에 적용하기가 쉽지 않을 텐데. 다람쥐 쳇바퀴 돌 듯 다시 교실로 돌아가 밤늦은 시간까지 자율 학습을 하고 학원과 과외를 번갈아 돌면서 대체 어떻게 실천할 수 있을까? 우리 청소년

들이 돌파구를 찾고 행복하게 살기 위해서 가장 필요한 것이 무엇일까?'

강연이 거듭될 때마다 자기 자신의 미래를 스스로 고민하고 능동적으로 준비하지 못하는 청소년들에 대한 나의 고민이 깊어졌다. 그리고 내가 오랜 시간 동안 고민했던 '열정을 쏟을 만한 의미 있는 일'이 바로 청소년들에게 꿈과 희망을 주는 것임을 깨닫게 되었다. '청소년을 살리기 위한 새로운 사명'을 발견한 것이다.

이 일을 위해 2009년 11월, '꿈희망미래 리더십 센터'를 설립하였다. 교육 사업에는 문외한이었던 내가 오직 청소년에 대한 사명과 열정만으로 세 번째 창업을 한 것이다. 청소년들이 각자 뚜렷한 삶의 동기를 찾고 주도적인 삶을 살게 할 것을 생각하니 벌써부터 가슴이 뛰기 시작했다.

그렇게 꿈희망미래 리더십 센터의 프로그램은 입시 부담과 사교육에 내몰려 자아 발견의 기회를 놓치고 있는 청소년들을 살리기 위해 설계되었다. 자신의 미래에 대해 진지하게 고민하고 의미 있는 방황을 하면서 감수성이 예민한 청소년기를 열정적으로 채우기를 바랐기 때문이다.

새로운 시도, 놀라운 결과

나는 어릴 때부터 말을 조리 있게 잘하지 못해서 말 잘하는 아이들이 늘 부러웠다. 회사를 경영하는 동안에도 이사들과 직원들을 상대로 설명회나 연설을 할 때면 무대에 올라가자마자 머리가 하얘져서 쥐구멍에라도 들어가고 싶었던 적이 한두 번이 아니었다.

내가 만난 대부분의 미국 사람들은 말이 유창하고 발표도 세련되게 잘했다. 그 배경에는 미국 학교의 수업 방식이 영향을 주었을 것이다. 수업과 관련된 자료를 미리 찾고 내용을 요약하는 과제를 부여한 다음, 수업 시간이 되면 그것을 바탕으로 토론하고 발표하게끔 한다. 초등학교부터 학창 시절 내내 이런 훈련을 받다 보면 말도 발표도 잘할 수밖에 없지 않겠는가!

그런데 우리나라 교육은 내가 어렸을 때부터 변함없이 주입식, 암기식 수업이 대부분인 것 같다. 그러다 보니 논리적 사고도 부족하고 창의성을 키우거나 문제 해결 능력을 기르기도 쉽지 않다. 발표할 기회도 드물어 모처럼 남 앞에 서면 다리는 후들거리고 머리가 하얘지기 일쑤다. 어찌 보면 당연한 결과일지도 모른다.

교육 사업을 구상하면서 가장 염두에 둔 것이 바로 학생들 스스로 참여하게 하는 것이었다. 이미 수동적인 교육에 길들어 주도성이 떨어진 아이들에게 이전과 똑같은 방식으로 교육하는 것은 의미 없다고 판단했다.

아이들 스스로 변화를 경험하고 결과를 내기 위해서는 차별화된 방식이 필요했다. 교육의 '교'자만 들어도 귀를 닫아 버리는 아이들을 어떻게 하면 즐겁고 행복하게 해 줄 수 있을까? 자나 깨나 늘 그 생각뿐이었다.

내가 아이들이라면 가장 원하는 것이 무엇일까? 생각하다 '달리는 쳇바퀴를 멈추게 하고 자기들의 이야기에 귀 기울여 공감해 주는 것'이 필요하겠다는 생각이 들었다. 이 시간을 통해 비로소 자기 자신을 돌아보고 놓치고 있는 부분을 발견하게 된다면 새롭게 시작할 동기를 찾게 될 것이라고 믿었기 때문이다.

콘텐츠 연구와 강사 교육 등 오랜 준비 기간을 거쳐 2010년 초, 서울여대에서 첫 교육을 시작했다. 열과 성을 다해 준비했지만 막상 교육 시간이 다가오자 기대 반 염려 반이었다.

3일간의 교육을 마치는 마지막 날, 과연 그 결과가 어떨지 두려운 마음으로 학교 관계자들과 함께 수료식을 지켜보았다. 강사의 열정적인 진행이 이루어지는 가운데 한 여학생이 손을 들고 앞에 나오더니, "총장님, 이 교육을 통해서 저에게 꼭 필요한 것들을 얻었습니다. 우리 학교 학생 모두가 이 교육을 받게 해 주십시오" 하고 눈물을 흘리며 지난 3일 동안의 감동을 얘기했다. 놀라운 건 이런 반응과 소감이 단지 이 학생 한 명에 그친 것이 아니라 교육에 참여했던 모든 학생이 누가 먼저랄 것도 없이 한 사람씩 나와서 자기의 깨달음과 변화를 감격에 찬 모습으로 발표했다.

모두가 깜짝 놀랄 만한 기대 이상의 결과에 내가 받은 감동이란 이루 말할 수 없었다. 나는 교육학을 전공하지도 않았고 청소년에 대한 전문 지식도 없었다. 단지 '힘든 교육 환경에서 신음하는 청소년들을 위해서 내가 할 수 있는 일은 없을까?' 하는 고민과 열정만으로 시작한 일이다. 한 번도 해 본 적 없던 일을 그저 안타까운 마음 하나로 시작했을 뿐인데 이런 놀라운 결과를 내다니…. 나조차도 믿어지지 않았다.

그날의 감동은 우리 콘텐츠에 대한 자신감과 더불어 교육 사업에 대한 확신을 가져다주었다. 이때부터 앞으로 어떻게 확장해 나갈지 새로운 고민을 하기 시작했다.

2일 간의 여행

'꿈희망미래 셀프리더십' 교육을 한마디로 말하면, 2일 동안 진행되는 자아 발견 여행이다. 2일 동안 자기를 깨우고, 찾고, 표현하는 과정을 통해서 자신감을 키우고 자존감을 높이며, 과정에 참여하는 아이들이 자기 자신을 이해하고 그 가치를 깨닫도록 하는 것을 목표로 한다.

캠프는 학교 관계자와 소통하여 일정을 상의한 뒤, 교육 하루 전날 강사와 코치들이 장비와 교재, 물품 등을 싣고 학교로 찾아가며 시작된다. 관계자들과 사전 미팅을 하고 곧바로 교육장으로 이동하여 세팅에 들어가는데, 아이들이 캠프에 호기심을 갖고 참여할 수 있도록 교실 곳곳을 꾸민다. 캠프 당일이 되면 강사들은 이른 아침부터 교실에서 대기하며 아이들이 들어올 때마다 뜨겁게 환호하며 맞이한다.

10분도 집중하기 어려운 아이들을 붙잡고, 강사와 코치들이 똘똘 뭉쳐 2일 동안 온 열정을 쏟으며 아이들의 변화를 이끌어낸다. 그동안의 이론이나 개념을 단순히 주입하는 교육과는 달리, 우리 교육은 강

▲ 책상을 모두 치운 교육장

▲ 교육장에서 학생들을 환영하는 강사들

사 자신의 삶을 통한 교육이며, 아이들이 자발적으로 참여하고 스스로 변화를 경험하면서 깨달음과 감동을 이끌어낼 수 있도록 설계되어 있다. 강사들은 그 누구도 시키거나 강요하지 않고 아이들이 직접 손을 들고 나와 이야기할 수 있도록 기다리고, 소외되는 아이들이 없도록 세심하게 살핀다.

캠프의 핵심은 바로 '나'이다. 첫날, 교육은 활기찬 오리엔테이션으로 시작한다. 캠프의 목적을 이야기하며 아이들은 앞으로 펼쳐질 이틀간의 여정을 기대감 속에 맞이하게 된다. 그리고 본격적으로 '나를 깨우는 여행'이 시작된다. 첫 여행은 나를 특별하게 소개하는 '나 이런 사람이야' 시간으로, 아이들은 키워드를 활용하여 자기 자신을 사람들 앞에서 표현해 본다.

이후 '빗장열기' 시간에서는 마음의 빗장을 열고, 함께 떠나는 여행 메이트들과 서로 한층 더 가까워지는 시간을 가진다.

이어지는 '환경을 기회로' 시간에는 자기도 모르게 형성된 부정적인 생각들과 태도들을 털어내고, 자신이 처한 환경을 분석하여 그것을 기회로 삼고 성장하기 위한 고민을 시작한다. 이렇게 오전의 '나를 깨우는 여행'으로 아이들의 마음을 열고 사고의 전환점을 마련했다면, 오후에는 '나를 표현하는 여행'이 이어진다. '커뮤니케이션의 달인'과 '친친백서' 프로그램을 통해 아이들은 타인과 소통하는 법을 배우며, 자신의 생각을 명확하게 전달하고 상대방의 말을 경청하는 방법을 익힌다. 주고받는 대화를 통해 소통의 즐거움과 상대를 배려하는 기술을 체득하게 된다. '나'와 '타인'에 대해 고민하며 소통의 중요성을 깨닫는 과정으로 1일 차 여행은 마무리된다.

2일 차, 아이들은 이제 '나를 찾아가는 여행'을 떠난다. 먼저 자신의 과거를 돌아보는 '성취경험' 시간으로 시작된다. 아이들은 자신이 이룬 크고 작은 성취 속에서 타인의 인정뿐만 아니라, 스스로를 인정하며 자신감을 키워간다. 이어지는 '셀프토크' 시간에서는 현재의 자신을 마주하며, 자신을 있는 그대로 인정하고 존중하는 방법을 배우게 된다. 이 과정에서 아이들은 자신이 소중한 존재임을 깨닫고, 그 소중함을 온전히 느끼며 자아존중감을 높인다. 더 나아가, 자신뿐만 아니라 옆

▲ 스스로 손을 들고 발표하며 즐거워하는 아이들

▲ 적극적으로 발표에 참여하는 자신감 넘치는 아이들

에 있는 '타인'의 소중함도 깨닫게 되고, 진정으로 행복한 삶을 살아가는 방법을 알아가게 된다.

오후에는 '비전찾기' 시간이 진행되는데, 강사들의 격려 속에서 아이들은 미래의 나를 찾아보고 자신의 꿈을 설계한다. 이틀 간의 여행을 통해 자연스럽게 손을 들고 나와 자신을 표현하고, 스스로 고민해 보는 것에 익숙해진 아이들은 자신의 가치관을 확립하고 앞으로 나아갈 방향을 구체화하게 된다. 그리하여 삶의 목표와 동기부여를 얻으며, 자신이 걸어갈 길을 더욱 선명하게 그려나간다.

'나를 찾아가는 여행'이 끝날 즈음, 교실에 앉아있는 아이들의 표정에는 설렘과 열정이 가득 차 있다. '지지와 격려' 시간을 통해 이틀간의 여행을 함께 한 친구들과 마음을 나누고 관계를 더욱 굳건히 다지며 여행의 마지막을 준비해 간다. 이렇게 2일 간의 여정 속에는 재미와 의미, 감동이 체계적으로 녹아있으며, 이 모든 과정을 통해 아이들은 우리 교육이 주는 7가지 선물(자신감, 열정, 명확한 비전, 문제 해결 능력, 소통 능력, 인간 관계, 실행력)을 얻고 행복한 미래를 꿈꾼다.

마침내 마지막 순서인 '우리 이제 달라졌어요!' 시간, 아이들은 처음의 어색한 모습은 모두 사라지고 당차게 자신의 변화와 앞으로의 실천 다짐을 외치며 이틀간의 모든 여행을 마무리한다. 분위기는 마치 축제의 장처럼 신나고 환호와 웃음이 넘친다. 여행을 되돌아보고 앞으로의 삶에 적용할 것을 다짐하는 시간 속에서, 교육의 효과가 극대화되는 순간을 경험하게 된다.

우리 이제 달라졌어요!

다음은 우리 교육에 참여한 학생들이 얘기한 수료 소감 중 일부이다.

"처음에는 할까 말까 망설이다가, 어느 순간 '그냥 한번 해 보자' 하고 손을 들고 나갔어요. 그렇게 한번 하니까 자신감이 생겼어요. 진짜 마음속에 담아놨던 것까지 모두와 함께 털어 버릴 수 있어서 상쾌하고 속이 후련했고, 강사님들과 나에 대해서 생각해 보고 비전을 찾는 동안 진짜 즐거웠어요. 이전까지는 목표도 없고 그냥 아무렇게나 살자고 생각했는데, 이제는 도전해 보고 싶은 일이 많아져서 내 자신이 자랑스러워요. 안 했으면 평생 후회할 뻔했습니다. 모두 사랑합니다!"

"저는 아무에게도 하지 못한 얘기를 이렇게 많은 사람 앞에서 털어놓았어요. 빈 의자 앞에 앉아서 제 이름을 부르자, 나도 모르게 눈물이 나와서 주체할 수가 없었어요. 제 자신과 대화를 하고 나서 속이 후련해지는 것을 느꼈고 앞으로는 저 자신에게 사랑한다, 힘내라고 수시로 말해줄 수 있을 것 같아요. 그리고 사실은 친구들이 저를 이해해 주거나 위로해 줄 거라고 기대하지 않았어요. 그런데 모두 나를 격려해 주고 안아줘서 정말 고마워요."

"저는 어릴 때부터 할머니와 둘이 살고 있어요. 부모님 얼굴도 모르고 할머니는 연세가 많아서 말도 잘 통하지 않아요. 눈도 잘 안 보이셔서 밥이랑 반찬에 머리카락이 들어있을 때가 많아요. 저를 낳아놓고 돌봐주지 않는 무책임한 부모님이 너무 원망스럽고 사는 것이 참 재수 없는 일이라고 생각했어요. 그런데 나보다 더 힘든 친구들 얘기를 들으면서 나를 늘 걱정해 주는 할머니가 계시다는 것만으로도 감사했어요. 불평이나 하면서 시간을 낭비할 게 아니라 열심히 공부해야겠다고 다짐했어요. 하루빨리 돈 벌어서 고생하시는 우리 할머니가 돌아가시기 전에 꼭 효도할 겁니다. 제 생각을 이렇게 바꿀 수 있게 해 주셔서 고맙습니다. 제가 이 교육을 받을 수 있어서 정말 행운이에요. 대한민국의 모든 학생이 이 교육을 받으면 좋겠어요. 강사님, 코치님, 정말 고맙습니다."

참여한 학생들 모두의 소감을 들자면 2시간은 족히 걸리고, 새로운 각오와 함께 기대로 가득 찬 모습 속에서 '기적'이라고밖에 표현할 수 없는 감동적인 이야기들이 쏟아졌다. 이 모습을 지켜보는 다른 아이들, 강사진, 학교 관계자들까지 모두 너나 할 것 없이 서로의 헤어짐을 아쉬워하며 눈시울을 붉히는 장면이 매 캠프마다 반복되었다.

어떻게 이런 변화가 가능합니까?

우리는 교육이 필요한 곳이면 도서 산간, 벽지 어디든 마다하지 않고 찾아갔다. 그런데 막상 캠프에 참여하는 아이들을 만나고 보면, 입시 부담뿐만 아니라 돌봄조차 제대로 받지 못하는 경우가 많았다. 지방으로 내려갈수록 기초 생활 수급 대상자가 많았고 어떤 곳은 절반 이상의 학생들이 한 부모 가족 또는 조손 가정에서 자라고 있었으며 어린 학생 혼자 사는 경우도 있었다.

상황이 이렇다 보니 기초 학력까지 부진한 이 아이들의 자존감은 거의 바닥 상태여서 누가 자기를 괴롭혀도 저항하지 못하거나 다른 학생에게 폭력을 행사하고도 죄책감을 느끼지 못했다. 어른에 대한 예의나 다른 사람에 대한 배려는 찾아볼 수 없고 짧게 주고받은 말에는 욕설이 대부분일 정도로 인성이 망가져 있는 경우가 적지 않았다.

하지만 캠프가 진행되는 동안 아이들은 서서히 자기를 개방하고 강사와 코치는 물론 친구들 앞에서 진심을 털어놓으며 솔직하게 자기를 뉘우쳤고, 원망과 분노를 주체하지 못하고 위험한 생각을 서슴지 않았던 아이들이 서로를 이해하는 친구로 바뀌었다.

이러한 아이들의 변화를 지켜본 학부모님과 선생님들은 놀라움을 감추지 못했다.

"기적이에요! 아무리 선생님들이 시켜도 발표를 안 하던 아이들이 스스로 손을 들고 앞으로 나온다는 것은 상상도 못 할 일이거든요. 대체 뭘 어떻게 하셨기에 한 명도 빠짐없이 솔직하게 자기표현을 할 수 있습니까?"

"저 아이는 원래 저런 아이가 아니에요. 제가 2년 동안 담임을 했는데 누구하고도 얘기하는 것을 못 봤고 저렇게 환하게 웃는 표

▲ 교육을 시작하기 전과 후. 확연히 달라진 학생의 모습

▲ 교육을 시작하기 전과 후. 밝아진 학생의 표정

▲ 수업을 마친 후 밝아진 아이들의 모습   ▲ 활기찬 리더십 캠프 수료식 모습

정도 처음이에요. 그런데 앞에 나가서 또박또박 자기 생각을 말하다니, 아니 어떻게 이런 일이 있어요? 믿어지지 않아요."

"제가 이 학교에 와서 지금까지 가졌던 바람은 제가 맡은 학생들이 제발 큰 사고만 치지 않고 졸업해 주면 좋겠다는 거였어요. 입학 초기부터 학교에 적응하는 것 자체가 불가능해 보였거든요. 애초부터 안 되는 애들이라 생각했고 제가 할 수 있는 건 아무것도 없는 것 같았어요. 그런데 꿈희망미래 강사님과 코치님들을 보니까 문제는 아이들이 아니라 제게 있었던 것 같습니다. 매일매일 부닥치는 눈앞의 현실 속에서 저도 모르는 사이에 교사로서의 사명감을 잃고 말았어요. 부끄럽습니다."

이 교육을 통해 아이들은 단지 변화를 경험하는 것에 그치지 않았다. 이제 자기 자신을 존중하고, 도전하며, 행복한 미래를 향해 나아갈 준비가 되는 것이다. 그리고 더불어 아이들의 변화는 그들만의 것이 아니라 가정과 학교, 함께 하는 모든 이들의 변화이기도 했다.

우리 학교가 달라졌어요

학생들이 깨닫고 교사들이 발 벗고 나서면 학교는 자연히 바뀌기 마련이다. 우리 교육을 잘 모를 때는 시험 삼아 한 클래스 정도 해 보며 다른 교육과 다름을 발견한다. 이 신뢰가 바탕이 되어 전교생으로 교육을 확대하고 몇 해 동안 지속적으로 실시함으로써 학교 문화가 눈에 띄게 바뀐 곳이 전국에 여럿이다.

그중 하나가 전남 목포의 유달산 아래에 위치한 혜인여고이다. 원도심의 학교들이 대부분 그렇듯 이곳도 예외가 아니어서 우수한 학생들은 대도시로 빠져나가고 학교 분위기는 침체되기 시작했다. 사정이 이렇다 보니 혁신이 절대적으로 필요한 시점에 김은미 교장 선생님께서 그 변화를 주도하시기 시작했다.

교장 선생님께서는 반신반의한 채로 우선 한 클래스를 모아 교육해 보자고 하셨다. 그리고 교육장 주변을 수시로 오가며 지켜보다 기대 이상의 결과가 나자 고양된 목소리로 전화하셨다.

"아니, 우리 애들을 데리고 뭘 어떻게 하신 거예요? 2일 만에 아이들을 이렇게 바꿔 놓은 비밀이 대체 무엇인지 궁금해요. 아이들이 자신감이 넘치고 표정이 엄청 밝아졌어요. 아직 못 받은 아이들이 자기들도 빨리 참여시켜 달라며 날마다 교장실에 와서 조르고 있어요."

그리고는 매달 한 클래스씩 지속적으로 교육해 줄 것을 요청했다. 우리 교육으로 아이들의 변화가 두드러지자 학부모 사이에서 입소문이 퍼져나갔다. 수료식을 할 때면 마치 기다리기라도 한 듯이 거의 모든 학부모가 수료식을 지켜보러 왔다.

그중 어느 학부모는 "우리 애가 집에 와서 하는 말이 '엄마, 저 때문에 그동안 많이 속상하셨죠? 앞으로 제 걱정은 하지 마세요. 저 스스로 잘해 나갈 자신이 있어요. 대충대충 살지 않고 정말로 열심히 제 미래를 준비할 테니 지켜봐 주세요. 엄마, 사랑해요'라는 거예요. 정말이지 고맙고 대견해서 나도 모르게 눈물이 났다니까요. 공부하라고 노래를 불러도 들은 척도 안 하던 애가 지금은 얼마나 열심히 하는지, 잔소리는커녕 안쓰러울 정도예요. 리더십 캠프를 한다고는 했어도 다른 교육과 별반 다르지 않을 거라 생각하고 큰 기대 안 했는데 이 정도일 줄은 몰랐어요"라며 흥분을 감추지 못했다.

옆에 계시던 다른 학부모님도 "저는 사실 해마다 가는 수학여행에 회의적이었어요. 아이들끼리 우르르 몰려가다 줄서기를 반복하는 게 30년 전 제가 학교 다닐 때와 똑같은 거잖아요. 수학여행이나 체험 학습 대신 이런 교육을 하는 것이 훨씬 의미 있을 것 같아요. 아이들이 저렇게 행복해하고 감동하는데 안 할 이유가 없지 않나요?"라며 거들었다.

해마다 리더십 캠프를 진행한 지 4년째 되던 해에 목포혜인여고는 「짧은 시간 안에 인성역량과 학업 성취 수준이 괄목할 만큼 향상된 것」을 근거로 교과부 인정 우수 학교로 선정되었고 많은 학교에서 벤치마킹할 정도가 되었다. 학교에 들어서면 교사와 학생 할 것 없이 모두가 행복한 표정으로 활기가 넘친다. 김은미 교장 선생님께서는 그 비결에 대해 다음과 같이 얘기하셨다.

"처음 제가 이 학교에 왔을 때만 해도 교실이며 복도 할 것 없이 바닥에 붙은 껌을 떼어내는 게 일이었어요. 여기저기가 지저분하고 교사, 학생 할 것 없이 너무도 소극적이고 부정적이어서 도대체 뭘 해 보려고 해도 할 수가 없었어요. 이대로는 안 되겠다 싶었지만 딱히 대안을 찾지 못하고 있던 중에 꿈희망미래 리더십 교육을 만난 거죠. 교육을 받고 나면 정말로 기적같이 변했어요. 아이들이 자발적으로 열심히 하니까 선생님들도 움직이기 시작하더군요. 그때부터는 모든 게 쉬워졌어요. 목표를 정하고 나면 학부모까지 한마음이 되어서 신나게 달려가는 거죠. 저를 믿고 따라준 선생님들과 아이들, 그리고 그 뒤에 꿈희망미래 교육이 있었기 때문에 가능했어요.”

이분 외에도 우리 교육을 전적으로 신뢰하고 힘을 싣는 선생님들이 전국에 계신다. 강원도 평창에서부터 횡성, 원주에 이르기까지 ‘아이들을 살리는 일'에 적극 나서며 몸을 아끼지 않는 강원과학고등학교 이경애 교장선생님, 충남기계공고 박준태 교장 선생님, 전북 고창의 강호항공고 강인숙 교장 선생님, 남양주 심석고등학교의 이길순 교장 선생님, 영신간호비즈니스고등학교 성인호 교감 선생님 등 일일이 열거하기 어려운 많은 분들이 오직 학생만을 생각하며 특별한 사명감으로 학교 현장을 지키고 계신다. 이 분들을 만날 때마다 다음 세대를 준비하는 교육자로서 소중한 역할을 잊지 않고 실천하는 모습에 존경심이 절로 우러난다.

아무리 좋은 것도 알리기가 힘들다

꿈희망미래 리더십 센터를 설립하고 처음 교육을 했던 서울여대에서의 감동을 지켜본 나는 교육 수요가 엄청날 것으로 예상했었다. 리더십 교육 프로그램들이 많이 있지만 이런 결과를 내기란 좀처럼 쉽지 않은 일이라고 여겼기 때문이다. 그러나 내 생각과 달리 알리기가 너무 힘들었다.

2013년에 방송된 〈이야기 쇼 두드림〉을 보신 고영진 당시 경상남도 교육감님으로부터 강연 요청을 받았다. 강연을 마치고 지역 교육 관계자들과 저녁 식사를 함께하면서 교육 사업을 시작하게 된 배경과 교육 후의 결과 등을 나누었다. 교육감님은 SKY대학에 몇 명 보내는 것보다 학업 중단 위기에 있는 학생들을 구하는 것이 더욱 시급하다고 했다. 나 역시 적극 공감하는 부분이라 진지한 대화가 한참 오고 갔다.

"교육감님, 그 학생들에게 우리 꿈희망미래 리더십 교육을 한번 해 보시죠? 그동안 많은 학생을 교육하면서 지켜본 바로는 분명 해결책이 될 수 있을 것 같습니다."

나는 휴대폰을 열어 각 학교에서 올라오는 우리 강사들의 업무 메일을 보여 주며 전국에서 진행 중인 우리 교육과 변화에 대해 설명했다. 그러자 교육감께서는 "실제 이런 변화가 있다는 말씀이십니까? 어떻게 그게 가능합니까? 선생님들도 손을 못 대는 아이들이에요."

"물론이죠. 말로 설명하기는 어렵습니다. 일단 우리 교육을 한번 받아 보면 알게 되실 겁니다."

"그렇다면 두 학교를 우선 시범적으로 해 주세요. 만약 이 학교들에서 변화가 드러난다면 경남 교육 전체가 바뀔 것입니다. 이사장님 말씀대로 이 학교에서 그런 결과를 이끌어낼 수 있다면 내년에 우리 지역 학생 1만 명을 부탁드리겠습니다."

이때 교육감께서 말씀하신 두 학교가 바로 진영제일고와 통영에 있는 충무고등학교였다. 이야기가 오고 간 뒤 얼마 되지 않아 교육 일정을 잡고 우리 강사들이 두 학교를 차례로 방문했다.

진영제일고는 전교생이 140명밖에 되지 않는 작은 학교였다. 교장 선생님께서 이 학교에 부임한 첫날 지역 주민으로부터 "지금 11시인데 교복 입은 여학생이 학교 옆에서 버젓이 담배를 피우고 있어요. 그 학교는 대체 뭐 하는 곳이에요?" 하는 전화를 받으셨단다. 학생들이 이렇게 늦은 시간에 등교했다가 오후 2시만 되면 어디론가 사라지는 일이 다반사여서 학교가 지역 혐오 시설이 될 정도였다. 이런 곳에서 긍지와 자부심을 가질 수 없기는 학생이나 교사나 마찬가지였다.

우리 강사와 코치 18명은 비장한 각오로 경남 진영으로 내려갔다. 학교에 도착하자 교장 선생님은 "우리 아이들은 아무런 희망이나 목표가 없는 것 같습니다. 이 아이들이 꿈을 찾을 수 있도록 도와주십시오" 하며 간곡히 부탁했다.

경상남도 교육 관계자들의 이목이 집중된 가운데, 3일간의 교육을 마치자 기대했던 대로 학교 안에 놀라운 변화가 일기 시작했다. 교육이 진행되는 동안 복도에서 귀를 기울이다 눈물을 흘린 선생님은 아이들과 눈을 맞추고 기대에 찬 파이팅을 외쳤다.

아이들의 수료 소감을 듣고 난 어느 선생님은 "솔직히 너희들에게 별로 기대하지 않았었는데 지금 너희들 앞에 서 있는 내 모습이 너무도 부끄럽구나. 더 이상 이렇게 방관하지 않고 너희들이 졸업하기 전에 여기에서 새로운 삶을 시작할 수 있도록 내가 반드시 도와줄게"라고 약속하셨다. 선생님들 모두가 잊고 있던 사명감을 회복하고 팔을 걷어붙이기 시작했으며 학생들은 자기 자신을 돌아보며 새로운 결심을 다졌다. 명확한 목표와 동기가 생기자 학교에서 밤을 새워 가며 기능 대회를 준비한 학생들은 크고 작은 상을 거머쥐기도 했다. 교문에 입상 플래카드가 걸리자 지역 주민들의 시선도 자연히 달라질 수밖에 없었다.

교장 선생님은 "학교가 완전히 축제 분위기입니다. 앞으로는 꿈희망미래가 하라는 대로 해야 할 것 같습니다" 하시며 흥분된 표정을 감추지 못했다. 이를 지켜본 교육 관계자들의 반응도 마찬가지였다.

"말로만 들었을 때는 믿기지 않았는데 실제로 이런 변화가 일어나다니, '기적의 3일'이 맞네요"

"정말 놀랍습니다. 아이들의 저 행복한 표정 좀 보세요. 할 수 있다는 자신감에 차 있어요. 이것만이 우리 교육의 대안인 것 같습니다."

"학교 폭력을 예방하려고 여러 시도를 하고 있습니다만 여전히 제대로 된 해결책을 못 찾고 있었어요. 이것이 묘약이 되지 않을까요?"라며 입을 모았다.

성장의 결실

우리 교육을 지켜본 관계자들로부터 효과를 인정받고 구체적인 파급력이 눈앞에 보이자 창원에 지사를 내는 편이 좋을 것 같았다. 마침 창신대학교에서 사무실을 내어주겠다고 해서 서둘러 지사 준비에 들어갔다.

지역 일자리 창출을 위해 경남 도내 4개 대학을 순회하면서 채용설명회를 가졌다. 전공 학과나 대학, 스펙보다는 안타까운 교육 현실로 인해 신음하는 청소년을 돕고자 하는 마음과 열정적으로 일하려는 도전 정신 등 인성적 역량에 중점을 두었다.

2015년 1월에는 건양대학교 김희수 총장님의 배려로 대전 캠퍼스 내에 꿈희망미래 리더십센터 대전지사를 열게 되었다. 2010년 특강 요청을 받고 논산 캠퍼스에 내려갔을 때 교직원과 학생들이 빼곡한 강당의 맨 앞줄에 앉으시고는 시종일관 메모를 하시며 내 강의에 귀를 기울이셨다. 강의를 마치자 총장님께서는 건양대학교 학생들을 대상으로 우리 교육을 해 보자고 하셨다.

"스티브 생각이 나와 다르지 않습니다. 우리 학생들에게 가장 안타까운 것이 바로 자신감이 없고 소극적인 태도예요. 뭐든 할 수 있다는 자신감을 가지고 열심히 살아야 하는데 조금만 힘들어도 포기해 버릴 정도로 무기력해요. 시키기 전에는 뭘 해 볼 생각을 하지 않기 때문에 젊은 패기를 느낄 수가 없어요. 그런데 스티브 얘기를 듣고 보니까 자신감을 키우는 데는 꿈희망미래 셀프리더십만 한 교육이 없는 것 같아요. 우리 건양대학교의 신입생 모두가 이 교육을 받을 수 있도록 한번 해 봅시다" 하고 약속하셨다.

그리고 약속하신 대로 2015년 2월에 2천여 명의 신입생 전원이 꿈희망미래 셀프 리더십 교육으로 대학 생활을 시작했다. 교육을 마치는 날 총장님과 함께 50여 개 강의실을 돌며 수료식을 참관했다. 불과 3일 만에 낯가림을 극복하고 환하게 밝아진 표정에서 자신감과 열정적으로 변한 모습을 확인할 수 있었다. 입학 후 첫 학기는 서먹서먹한 가운데 새로운 생활에 적응하느라 알차게 보내기 어렵지만 우리 리더십 교육에 참여한 학생들은 훨씬 빨리 대학 생활에 적응할 수 있었다. 학습 동기와 명확한 비전을 찾으며 적극적으로 바뀐 것이다.

총장님과 교직원들이 우리 교육의 차별성을 실감하고는 코로나 이전까지 해마다 동기유발학기의 파트너로 참여했고 재학생과 건양대학교 병원 직원들까지 다양한 교육 프로그램을 제공했다. 이것을 계기로 동신대학교, 호남대학교, 전국에 있는 폴리텍대학교 등 대학으로의 확장이 이어졌다.

90을 훌쩍 넘긴 연세에도 불구하고 규칙적이고 알뜰한 자기관리에 흐트러짐이 없으시고 나라의 앞날을 생각하며 교육과 의료, 지역 살림에 자신의 삶을 전적으로 헌신하신 김희수 총장님의 모습을 가까이서 뵐 때마다 감탄과 존경이 우러난다.

이렇듯 서울 본사 외에 창원, 대전, 광주에 지사를 내고 지역의 훌륭

▲ 교육을 마친 뒤 열정적으로 변한 건양대학교 학생들

한 청년들과 함께 교육 사업에 박차를 가했다. 해마다 배의 성장을 거듭한 리더십센터는 불과 몇 년 사이에 전임강사 60~70명을 보유한 인성교육 전문회사로 자리 잡았다.

청소년을 위해 시작한 교육 콘텐츠는 점차 대학생, 교사, 학부모, 직장인은 물론 군부대로까지 대상이 확장되었고 한 해 평균 4만 명 이상이 우리 교육에 참여했다. 우리 교육에 대한 수요가 급속도로 커짐에 따라 이를 감당하기 위해 많은 강사를 수시로 채용해야만 했다.

강사로서 경험이 전혀 없더라도 청소년에 대한 특별한 사명을 품은 인성 바른 젊은이라면 직원으로 채용하고 3개월간 양성 교육을 했다. 훈련을 마치고 나면 2명씩 팀을 이루어 전국 어디라도 우리 교육을 원하는 곳으로 달려간다.

▲ 강연 콘서트

서울 본사와 더불어 경남 창원, 대전, 광주에 지사를 두자 현장으로의 접근성이 좋아졌고 지방에 있는 청년들에게도 좋은 일자리를 제공할 수 있었다. 이동에 필요한 승합차도 10대가 넘었다. 지사 중심의 큰 교육이 있을 때면 현장에 내려가 참관도 하고 직원들을 격려하기도 하면서 의미 있는 시간을 보냈다.

육군본부와 함께 한 꿈희망미래

2015년부터는 강연에 콘서트를 덧붙여 강연 콘서트를 하기 시작했다. 육군 제2군수지원사령부로 강연하러 갔을 때의 일이다. 여느 때와 마찬가지로 피아노, 바이올린, 첼로, 소프라노 가수로 구성된 콘서트 팀을 꾸리고 연주회와 강연을 마치고 간부들과 오찬을 하는 자리에서 당시 사령관이던 나익성 장군께서 말을 꺼냈다.

"이사장님, 꿈희망미래의 교육 프로그램이 우리에게도 절실히 필요합니다. 꼭 좀 해 주십시오."

"교육할 인원이 얼마나 되죠?"

"약 2,000명가량 됩니다. 우리는 전투부대가 아니므로 한 번에 40명씩 순차적으로 할 수도 있습니다."

우리 교육에 대한 기대와 의미를 생각하면 반가운 얘기였으나 청소년 교육만으로도 바쁘게 돌아가는 일정을 감안하면 선뜻 대답하기가 어려웠다. 그때 옆에 있던 본부장이 말했다.

"사령관님, 군부대는 입대와 전출, 전역 등으로 부대원이 계속 바뀌지 않나요? 그러면 교육을 받았다고 해도 부대에 오래 머물 수 없기 때문에 한시적인 교육으로는 군 문화를 개선하기가 어려울 것입니다. 지속적인 교육이 필요할 텐데…. 안타깝게도 우리 강사들은 청소년 교육만으로도 바쁜 상황이라 계속 지원하기에는 무리가 있습니다. 대신, 부대 내에서 교육을 전담할 교관을 선발하는 건 어떨까요? 강사를 양성하듯 그들을 부대 내 전담 강사로 양성한다면 자체적으로 교육을 지속할 수 있을 테니까요."

그날 사령관을 위시한 군 간부들 모두가 본부장의 의견을 적극 지지했고 곧바로 '인성 전담 교관 양성 프로젝트'가 시작되었다.

본부장은 국가에 대한 충성심에서 나아가 조직 문화를 바꾸기 위해

▲ 육군—꿈희망미래재단 업무 협약

선택된 12명의 교관을 훌륭한 강사로 세우기 위해 전심을 다했다.

3개월의 양성 교육을 모두 마치고 드디어 부대 내 인성 전담 교관이 진행하는 교육이 시작되었고 그 결과는 모두가 기대했던 만큼 큰 감동으로 이어졌다. 일정에 따라 교육을 거듭할수록 강사의 역량은 눈에 띄게 발전했고 교육을 수료한 인원이 점점 쌓이게 되자 군 문화가 바뀌어 가는 것을 목격할 수 있게 되었다. 이렇듯 군에서도 교육효과가 검증된 이상 육군 전체로 본격화할 수도 있겠다는 생각이 들었다.

그 당시 장준규 육군 참모 총장은 제1야전군 사령관이었을 당시 강연차 만난 적이 있었는데, 최전방초소(GOP)에 북카페 8동을 기증하는 등 인연이 있던 터라 만남을 요청하고 육군본부로 내려갔다.

"총장님, 청소년을 위해 시작한 우리 교육 프로그램이 교사, 학부모,

직장인 등 성인에게서도 놀라운 결과를 내고 있습니다. 얼마 전부터는 군부대에서도 우리 교육이 시작되었습니다" 하고 운을 떼자, 총장님은 처음 듣는 표정이었다. 나는 강연 콘서트를 위해 2군 지사에 방문했던 얘기부터 우리 교육을 지켜본 사령관의 요청으로 인성 전담 교관 12명이 강사로 양성되었으며 현재 이들을 통해 진행한 부대 내 교육이 놀라운 결과를 내고 있음을 얘기했다. 그리고 육군본부 전체에 우리 교육을 도입해 볼 것을 제안했다.

"이사장님, 국가가 해야 할 일을 이토록 나서주시니 얼마나 감사한지 모릅니다. 사실 총장으로 부임한 이후 '군 간부의 정예화 및 장병 인성 바로 세우기'에 대해 가장 고심하고 있던 참입니다. 군인에게 요구되는 충성심과 전투력도 인성이 먼저 바로 서야 기대할 수 있다고 생각하기 때문입니다."

그러자 옆에 있던 본부장도 입을 열었다.

"우리 교육이야말로 총장님의 고민과 과제에 적합할 것입니다. 간부들에게는 신뢰와 존경을 받는 리더십 교육이 될 것이고 입시와 성적에 쫓기다 군에 입대한 용사들에게는 가정과 학교에서 놓친 인성을 다잡을 마지막 기회가 될 것입니다. 그들이 사회에 나가기 전 자아를 발견하고 꼭 필요한 역량을 키울 수 있도록 기회를 주십시오. 우리 교육의 목표와 가치는 나와 내 가족만 잘살면 되는 것이 아니라 주위를 돌아보고 다른 사람에게 긍정적인 관심과 도움을 주도록 의식을 성숙시키는 것입니다. 육군본부가 주관하여 2군 지사에서 하듯 인성 전담 교관을 양성할 수 있다면 우리 콘텐츠를 군에 이식하여 강한 군대, 바람직한 성인으로 준비시키는 데 최선을 다하겠습니다."

"그렇게만 된다면야 얼마나 다행스러운 일입니까? 우리 군의 큰 고민을 해결할 수 있겠습니다."

육군 참모총장과의 면담 후 6개월 동안 우리 강사들은 42개 사단의 초급간부 4,300여 명에게 '초급간부 인성 함양 캠프'를 시범 운영하였다. 주무 부서의 실무자들과 해당 부대의 간부들이 수료식마다 참관하며 결과를 지켜보는 가운데 한 사람도 빠짐없이 모두가 캠프를 통해 터득하고 깨달은 바를 가족과 부대원들에게 곧바로 적용한 얘기며 앞으로의 각오 등을 구체적으로 공유했다.

육군본부에서 자체적으로 실시한 다양한 분석과 평가 결과, 말로만 듣던 변화가 한 두 명이 아닌 모두에게서 나온 결과임이 확인되자 처음에 제안했던 것이 구체적으로 논의되기 시작했다.

이런 과정을 거쳐 2017년 1월, 꿈희망미래 재단과 육군본부가 업무 협약을 체결하고 본격적으로 우리 교육을 수행할 인성 전담 교관을 양성하는 한편 정기 워크숍과 더불어 여러 형태의 기부가 현재까지 이어지고 있다.

각 군단에 소속된 초급 간부들뿐만 아니라 부사관학교, 육군 3사관학교, 육군사관학교 등에서 꿈희망미래 참인성캠프가 계속되고 있으며 몇 차례에 걸쳐 100여 명의 인성 전담 교관을 양성했다. 교관들은 이 일을 통해 자신의 삶이 먼저 변화하는 것을 경험하고 가족과 주위 사람들에게 매우 긍정적인 영향을 끼치고 있다는 사실에 큰 자부심을 느꼈다. 그리고 자기의 순수한 열정과 헌신이 다른 사람의 변화를 이

▲ 인성 함양 캠프에 즐겁게 참여하는 군 간부들 (1)

▲ 인성 함양 캠프에 즐겁게 참여하는 군 간부들 (2)

▲ 성인 과정 캠프 현장 스케치 (1)

▲ 성인 과정 캠프 현장 스케치 (2)

끌어내며 조직 문화를 바꾸어 나가는 데서 오는 긍지와 보람은 무엇과도 바꿀 수 없는 행복한 삶이라고 입을 모은다.

이들의 헌신적인 노력을 위로하고 격려하며 교육의 질을 점검하기 위한 워크숍을 해마다 2회씩 진행하고 있고 기회가 될 때마다 이들을 따로 만나 현장의 목소리도 듣고 격려하는 자리를 갖는다. 육군에 소속되어 우리 교육을 수료한 인원이 얼마 전 10만 명을 넘어섰고 그 과정에서 드러난 감동적인 결과들은 이 교육이 매우 의미 있게 기여하고 있음을 여실히 보여주는 것이라고 관계자들 모두가 입을 모은다.

기적을 만드는 사람들

강의를 해 본 적이 없는 사람들에게 새로운 콘텐츠를 가르치고 다른 사람을 교육할 만한 강사로 훈련시킨다는 것은 만만치 않은 일이다. 특히 우리 교육은 일반적인 이론이나 개념을 전달하는 콘텐츠가 아니라 '강사 자신의 삶을 통한 교육'이라 해도 과언이 아닐 만큼 진솔하게 자신을 드러내는 과정에서 교육적 의미를 찾아야 하기 때문에 더더욱 어렵다.

그러나 꿈희망미래 리더십 캠프의 강사가 됨으로써 과거에는 부끄럽게 여기거나 감춰왔던 경험이 오히려 다른 사람의 삶을 변화시키는 강력한 도구가 된다는 사실에 모두 감격하곤 한다. 시간이나 장소, 대상을 막론하고 캠프를 진행할 때마다 놀라운 결과를 내고 엄청난 보람과 성취를 느끼는 우리 강사들은 말 그대로 '기적을 만드는 사람들'이다.

전사라 불리는 우리 강사들이 청소년을 향한 사명과 열정을 품고 전국을 누비며 교육을 펼치는 가운데, 곳곳에서 '사람을 살리는 일'이라는 명예로운 찬사를 듣게 되었다. 자신의 수고와 노력으로 교육 현장에서 변화를 목격하는 강사들의 보람과 성취를 세상 어떤 것과 비교할 수 있겠는가?

그러나 장거리 숙박 출장으로 인해 해를 거듭할수록 피로가 쌓일 수밖에 없었고, 특히 결혼을 하고 나면 퇴사를 고려하는 경우가 빈번했다. 그러다 뜻하지 않은 코로나19 사태를 맞게 되었고 학교가 일정 기간 문을 닫음에 따라 자연히 우리 교육도 멈출 수밖에 없었다.

Chapter 4

다시 찾은
기회의 땅, 미국

*

새로운 도전이야말로

나를 살아 숨 쉬게 하는 원동력임을 알기에,

나는 마음을 굽히지 않았다

스스로 무한 책임을 지려는 치밀한 성격이

결국 '60전 60승의 성공 신화'를

이루어낸 것이라 믿는다

*

끝없는 도전

2007년, 30여 년의 미국 생활을 모두 정리하고 한국에 들어왔을 때
는 그것이 영구 귀국이라 생각했고 다시 미국으로 건너가 새로운 사업
을 하리라고는 전혀 생각지 못했다. 한국에서 10여 년을 사는 동안 전
국 곳곳으로 강연을 다니며 바쁜 일정을 소화했고 서울과 지방을 오가
며 변화무쌍한 사계절과 아름다운 금수강산을 마음껏 누릴 수 있었다.
강연 후에는 업무 관계자들과 함께 지역의 유명 맛집에 들러 풍성한
먹을거리를 즐기며 우리 교육과 사회 현안들에 대해 허심탄회하게 의
견을 나누며 의미 있는 시간을 보냈다.

그런데 시간이 흐를수록 새로움이나 긴장감이 느껴지지 않았고 일
과 일상에 흥미를 잃었다. 전문 강사도 아닌 내가 해마다 150여 회의
강연을 10년 가까이 했으니 번아웃(burnout)이 오는 건 어쩌면 자연스
러운 일일지도 모른다. 리더십 교육에 대한 수요가 커짐에 따라 수시
로 강사를 채용하고 양성 훈련을 거듭하느라 회사는 바쁘게 돌아갔
지만 정작 내가 개입할 일은 많지 않아서 가끔 무료함이 느껴지기도
했다.

'교육 사업도 자리가 잡혔고 강연도 할 만큼 한 것 같은데…. 앞으로는 뭘 하지? 조금 더 바빴으면 좋겠는데…'라는 생각이 맴돌던 무렵 LA에 있는 친구 데이빗으로부터 전화가 왔다. 2005년부터 우리가 공동 투자자로 참여한 골프장에 해마다 적자가 쌓이기 때문에 다른 투자자들이 매각을 고려하는 중이라고 했다. 이 골프장은 LA에서 가깝고 빼어난 경관을 가진 코스로 소문난 곳이었다. 40만 평에 이르는 36홀의 아름다운 골프장이 남의 손에 넘어갈지도 모른다는 소식에 마음이 여간 착잡한 게 아니었다. 전화를 끊고 난 후에도 수일 내내 골프장 생각이 머릿속에서 떠나질 않았다.

그러다 문득, 적자가 계속되는 원인은 가뭄으로 인해 황폐해진 것도 문제지만 어쩌면 주인의 적극적인 참여 없이 방만한 위탁 경영이 더 큰 문제일지도 모른다는 생각이 들었다. 안 그래도 좀 더 바빴으면 하고 바라던 중이라 이대로 남에게 파느니 내가 인수해서 코스를 재정비하고 경영을 정상화하고 싶은 충동이 일었다.

곧바로 데이빗에게 전화해서 인수할 뜻을 내비치자 기다렸다는 듯이 반가운 기색을 표했다.

다음 날 급히 LA로 날아갔다. 미국에 도착해서 가족과 가까운 지인들에게 내 계획을 얘기하자 모두가 반대하고 나섰다. "은퇴할 나이에 왜 적자 나는 골프장을 떠맡아서 고생을 사서 하느냐"는 것이 이유였다. 그러나 새로운 도전이야말로 나를 살아 숨 쉬게 하는 원동력임을 알기에 마음을 굽히지 않았다.

흥분되는 마음을 안고 골프장으로 향했다. 이전의 아름다운 모습은 찾아보기 어려웠고 잔디 관리가 제대로 되지 않아 망가질 대로 망가져 있었다. 몇 해 동안 극심한 가뭄이 계속되어 골프장 내 저수지가 바닥을 드러냈지만 시 수도국에서 물을 살 수도 없었기 때문이다. 바짝 메마른 골프장을 보고 있자니 가슴이 타들어 가는 것 같았고 하루빨리 코스를 살려내야겠다는 생각에 마음이 급해졌다.

코스를 이곳저곳 돌아보다 문득 '골프 인구도 많이 줄었고 가뭄도 심각한데 굳이 36홀이 필요할까?' 하는 생각이 들었다. 그래서 마운틴 코스 18홀은 닫고 밸리 코스 18홀만 집중적으로 관리하는 쪽으로 운영 계획을 세웠다.

무엇보다 물을 절약하는 것이 급선무라는 생각에 공이 거의 떨어지지 않는 티 박스 주위의 스프링클러를 모두 잠가 버렸다. 이렇게 하니 무려 70% 이상의 물을 절약할 수 있었고 꼭 필요한 곳에는 이전보다 훨씬 많은 양의 물을 공급할 수 있게 되었다.

2주 정도 머물며 골프장에서 오랜 경험을 쌓은 총괄 책임자를 고용하고 그동안 방만했던 관리 체계들을 바로잡기 시작했다. 큰 가닥을 어느 정도 정리해 주고 한국에 돌아와서도 골프장의 상황을 시시각각 점검했다.

그런데 골프장을 인수한 지 채 석 달도 되지 않은 2016년 7월, 인근 지역에 대형 산불이 나서 우리 골프장까지 피해를 입었다는 연락을 받았다. 산불이 열흘 이상 계속된 것으로 미루어보아 작은 규모는 아닐 것이라는 짐작을 안고 부랴부랴 미국으로 날아갔다.

큰 불이었음에도 불구하고 다행히 몇 홀만을 태우고 비켜 가서 클럽 하우스도 걱정했던 것만큼 피해가 크지는 않았다. 하지만 불에 탄 산자락과 코스 한쪽에 가득한 새까만 나뭇가지들을 보고 있자니 만감이 교차했다.

화재로 손상된 시설을 복구하기 위해서는 꽤 오랜 시간 골프장을 폐쇄할 수밖에 없었고 어차피 닫을 바에는 대대적인 리모델링을 하는 편이 좋을 것 같았다.

골프 코스 전문 설계 회사에 컨설팅을 의뢰하자 '데저트 코스(Desert Course)'로 디자인할 것을 제안했다. 데저트 코스란 골프공이 거의 떨어지지 않는 곳에는 잔디 대신에 화강암 모래(마사토)를 덮는 방식의 사막형 골프 코스를 말하는데, 물을 아끼기 위한 좋은 대안이라는 생각이 들었다. 여러 사막 지역의 멋진 골프장을 모델 삼아 리모델링을 하기로 계약을 마치고 나는 다시 한국으로 돌아왔다.

한국에 있으면서 수시로 진행 상황을 체크했으나 예상했던 것과 달리 공사가 매우 더뎠다. 내가 자리를 비워도 자기 일처럼 나서서 열심

▲ 산불 피해를 입은 샌드 캐니언 골프장

히 해 주기를 바라는 마음으로 골프장에 총괄 책임자를 두었는데, 그는 내 물음에 속 시원한 대답을 못하고 변명하기에 급급했다. 이들에게만 맡겨 둔 채 마냥 기다리고만 있을 수가 없어 조급한 마음을 안고 다시 미국으로 건너갔다.

비행기에서 내리자마자 골프장으로 달려가 보니 아니나 다를까 코스를 설계하고 시공하기로 한 토목 회사는 계약 당시와 태도가 사뭇 달랐고 공사 전반에 걸쳐 계약 내용이 이행되지 않은 것에 대해 따져 묻자 온갖 변명만 늘어놓을 뿐 책임과 의무로부터 발뺌하기에 바빴다. 이들에게 맡겨서는 도저히 안 되겠다 싶어 급히 새로운 회사를 찾았으나 그들에게 모든 일을 맡긴 채 멀리서 지켜보기에는 좀처럼 마음이 놓이지 않았다. 한국에 살면서 미국에 책임자를 두고 관리하려던 생각이 현실적으로 불가능함을 깨달았다.

하는 수 없이 2017년 초, LA에 집을 마련하고 매일 골프장으로 출근했다. 새벽 4~5시경에 일을 시작하는 코스 관리팀과 회의를 하기 위해서는 깜깜한 새벽에 집을 나서야 했다. 골프장에 도착하자마자 그날 할 일이 무엇인지, 얼만큼 해낼 수 있는지 직원들과 일일이 확인한 다음 그들과 함께 코스를 돌면서 구체적으로 공사를 지휘해 나갔다. 외부 업체에 맡겨놓고 기다리는 것보다 우리 직원들을 데리고 하나씩 해 나가는 것이 오히려 효율적이었고 진행 속도도 훨씬 빨랐다.

그런 와중에 오랜 가뭄으로 메말랐던 곳에 때아닌 홍수가 쏟아졌다. 많은 비가 한꺼번에 쏟아지자 지난 화재로 인해 나무가 다 타버린 산

비탈 아래로 엄청난 양의 흙더미들이 쏟아져 내려왔다. 산사태로 인해 비바람에 꺾인 나뭇가지와 흙더미들로 인해 골프장 곳곳의 수로가 막혔고 엄청난 양의 흙더미들이 골프장을 뒤덮었다. 비싼 돈을 주고 새로 심은 잔디는 뿌리도 내리기 전에 진흙탕 물에 잠겨 무용지물이 되고 말았다. 세 번씩이나 연거푸 닥친 산사태로 몇 개월씩 공사가 지연되었고 일그러진 코스를 돌 때마다 망연자실 깊은 한숨만 나왔다.

시행착오로 인한 후회

우리 골프장은 2000년에 유명한 골프 코스 디자이너인 테드 로빈슨 (Ted Robinson)이 설계하고 개장한 곳으로, 주위의 빼어난 경관과 더불어 도전적이고 흥미로운 코스로 손꼽히는 곳이다. 반면에 난이도가 높아 많은 골퍼 사이에서 공을 많이 잃어버리고 좋은 성적을 내기가 힘든 코스로 알려져 있었다. 그래서 일반 골퍼들이 좀 더 편안하고 쉽게 플레이할 수 있도록 벙커 몇 개를 메워서 페어웨이로 연결시켰다. 또한 여성 골퍼들에게 너무 어렵고 힘들었던 몇 홀의 티 그라운드를 앞으로 이동하여 예전보다 좀 더 쉽고 재미있게 만들었다.

좋은 아이디어가 떠오를 때마다 곧바로 시도해 볼 수 있어서 재미도 있었지만 골프장을 새롭게 디자인한다는 것이 이만저만 복잡한 일이 아니었다. 처음 하는 일이다 보니 물이 닿지 않아 누렇게 된 잔디를 잘라내고 모래를 사다 채우는 데도 꽤 오랜 시간이 걸렸다.

예상과 달리 속도가 나지 않아 답답한 마음으로 코스를 돌던 중 페어웨이가 지나치게 좁아진 것을 발견했다.

'아뿔싸! 페어웨이가 좁으면 좁을수록 플레이는 훨씬 힘들어질 텐데, 코스 가장자리를 너무 많이 잘라냈구나! 이를 어쩐다….'

결국 페어웨이를 다시 넓히기 위해 무려 3만 평의 새 잔디를 사다 심어야 했다. 이로 인해 예상외 비용이 5억 원이나 추가되었고 공사 기간 연장을 피할 수 없게 되었다. 더 큰 문제는, 사다 심기만 하면 금방 파랗게 될 줄 알았던 잔디가 뿌리를 내리기까지 시간이 너무 오래 걸린다는 것이었다. '차라리 손대지 말고 그대로 둘 걸! 왜 섣부른 결정을 내렸을까?' 너무 단순하고 무모했던 스스로가 원망스러웠다.

시행착오로 인한 원망과 후회를 뒤로하고 9홀 각 코스 중간에 자리하고 있는 호수 네 개에도 대대적인 공사를 시도했다. 호수 밑바닥을 드러내어 말끔히 정리하고 공이 호수 안으로 굴러 들어가지 않도록 비탈진 가장자리를 돌담으로 둘러쌓았다. 그리고 산불로 인해 나무들이 불타고 휑하게 빈 코스 곳곳에도 다양한 수종의 나무와 꽃을 사다 심고 이전보다 더욱 아름다운 코스로 만드는 데 온갖 정성을 쏟았다.

샌드캐니언 컨트리 클럽

하루도 쉼 없이 코스 정비에 매달리고 있음에도 불구하고 여전히 갈 길은 멀기만 했다. 클럽하우스 연회장에 일찍이 예정된 행사들이라도 제대로 진행하기 위해서는 건물 내부 공사도 서둘러야 했다. 화염에 그을린 자국들을 말끔히 씻어내고 페인트를 다시 칠한 다음 커튼, 양탄자, 가구들을 모두 교체하여 두 달 만에 실내 장식을 마쳤다.

그리고 그해 연말에 지역 주민들을 클럽하우스로 초청하여 정성껏 준비한 파티를 열고 새롭게 개장할 것을 알렸다. 맛있는 음식과 와인을 함께 나누는 동안 많은 사람이 내게 다가와 진심으로 감사를 표현했다.

"오랫동안 극심한 가뭄으로 인해 골프장이 메말라가는 데다 산불과 산사태까지 나서 이대로 방치되는 것이 아닌가 걱정을 많이 했어요. 그런데 밤낮을 가리지 않고 직원들 모두가 열심히 복구해 나가는 과정을 보니까 정말로 안심이 되네요."

"낡고 오래된 클럽하우스를 깨끗이 단장하고 파티까지 열어 줘서 너무나 고마워요."

"아름답던 골프장이 점점 황폐해지는 것을 볼 때마다 마음이 아팠는데 새 주인이 나타나서 이렇게 달라지다니 너무 고맙고 행복해요. 제 꿈이 이루어졌어요."

그날 저녁 따뜻하고 감동적인 교감을 통해 이들의 행복이 나의 행복임을 새삼 깨닫고 더 많은 사람을 위해서 최선을 다하기로 마음먹었다. 그리고 '로빈슨 랜치 골프 코스(Robinson Ranch Golf Course)'였던 골프장을 이 지역의 이름을 딴 '샌드 캐니언 컨트리 클럽(Sand Canyon Country Club)'으로 명칭을 바꾸었다. 골프장을 운영하면서 인연을 맺은 이 지역 주민들에게 긍지와 자부심을 주고자 한 결정이었다.

라파엘과 소중한 동역자들

가까스로 밸리 코스 9홀과 데저트 코스 9홀 정비를 마치고 2017년 3월에 지역 뉴스와 주민들을 통해 18홀 코스 개장을 알렸다. 코스가 재개되기를 기다렸던 골퍼들이 하나둘 골프장을 찾았고 만날 때마다 적극적인 관심과 고마움을 표했다. 자칫 폐허가 될 뻔했던 골프 코스가 살아나자 데저트 코스를 내려다보는 이웃 주민들이 가장 먼저 기뻐했다.

이를 지켜보면서 마운틴 코스에 인접한 주민들 역시 하루빨리 마운틴 코스가 회복되기를 기다리겠구나 하는 생각이 들었다. 마운틴 코스 18홀 중 9홀도 이처럼 정비를 한다면 총 27홀이 되기 때문에 큰 토너먼트를 유치하고 코스를 운영하는 데 훨씬 효율적일 것 같았다. 게다가 최근 비가 충분히 내린 덕분에 저수지가 가득 차 있어서 더는 물 걱정을 하지 않아도 될 것 같았다.

함께 일하던 총괄 책임자에게 추가 9홀 공사를 의논하자 1년 이상 물을 주지 않고 방치했기 때문에 땅을 모두 갈아엎고 새 잔디를 심어야 한다고 했다. 그 말을 듣고는 쉽게 공사를 할 엄두가 나지 않았다. 그도 그럴 것이, 지난 1년 동안 너무 고생을 했기 때문이다. 할 때 하더라도 그렇게 하는 것이 과연 옳은지, 다른 방법은 없는지 전문가를 찾아서 확인부터 받고 싶었다. 그러자 그는 꽤 떨어진 골프장에서 코스 관리를 책임지고 있는 라파엘 카노(Rafael Cano)를 소개했다.

그에게 마운틴 코스를 보여주자 이곳저곳 자세히 살펴보더니 굳이 땅을 다시 뒤엎지 않아도 물과 비료를 잘 주면서 관리하면 3개월 안에 살려낼 수 있다는 것이다. 그 말이 얼마나 반갑고 시원하던지 답답했던 가슴이 뻥 뚫리는 것 같았다. 말이 그렇지 9홀을 다시 조성하려면 공사비도 엄청날 뿐만 아니라 개장하기까지 1년 이상이 걸릴 수도 있는 일이다.

나는 우리 골프장 가까운 곳에 그의 아내와 아들 셋이 함께 지낼 아파트를 서둘러 마련해 주고 하루빨리 출근할 수 있도록 조처했다. 그때부터 몇 개월 동안 가슴 졸이며 지켜보던 끝에 기적적으로 잔디가 살아나는 광경을 볼 수 있었다. 그를 만난 것이 내게는 또 다른 천운이 아닐 수 없다.

라파엘은 이른 새벽부터 팀을 이끌고 30만 평이나 되는 골프장을 종횡무진 누비며 정비해 나갔다. 화재로 손상된 부분과 데저트 코스로 컨셉을 변경하는 과정에서 생긴 맨땅을 화강암 모래와 잘게 자른 나무 조각들(mulch)로 덮고 나무와 화초들을 사다 심었다. 페어웨이의 잔디를 보호하기 위해서 골프 카트가 쉽게 드나들 수 있는 곳으로 별도의 출입로를 내고 인조 잔디로 마감했다. 티 그라운드 주위도 깔끔하게 정리하고 그린 주변에는 러프가 잘 자라도록 관리했다. 나는 사소한 에너지 낭비나 작은 지출까지도 일일이 챙길 정도로 검소하고 알뜰하지만 골프 코스를 관리하고 단장하는 데는 큰돈을 아끼지 않았다.

드라이빙 레인지와 퍼팅 그린뿐만 아니라 연못 관리 분수 등 쉬지 않고 공사를 해도 여전히 해야 할 일들이 끝없이 넘쳐났다. 이 많은 일들을 코스 관리팀 직원 모두가 한마음으로 척척 해냈다. 나는 이들이

▲ 골프장을 되살리기 위해 노력했던 순간

좀 더 효율적으로 일할 수 있도록 새 장비를 마련하고 교체해 주었고 직원들 모두에게 행복한 일터가 되기를 바라는 마음으로 매일 메뉴를 바꿔가며 정성껏 식사를 제공하였다.

아름답게 새로 태어난 골프장

우리 골프장을 찾는 사람마다 한목소리로 칭찬을 아끼지 않았다. 페어웨이에 잔디가 빽빽하게 차올라 양탄자를 밟는 것처럼 푹신해졌고 그린 역시 여느 PGA 코스 부럽지 않을 만큼 최고의 상태가 된 것이다.

사실 30만 평이나 되는 넓은 땅을 이렇게 회복시키기까지 여간 힘든 게 아니었다. 그럼에도 불구하고 노심초사했던 골프장이 불과 1년 만에 기적적으로 새롭게 태어난 것이다. 이렇게 되기를 얼마나 간절히 바랐던가! 생각할수록 그 감회를 말로 다할 수 없다. 오랫동안 지속되었던 가뭄이 신기하게도 최근에는 해마다 흡족하게 비가 내린 덕에 앙상하게 타들어 가던 나뭇가지에 싱그러운 새순이 돋고 온갖 종류의 야생화와 세이지가 산등성이를 가득 메웠다. 코스 중간중간에는 지난 2016년 화재로 인해 까맣게 탄 떡갈나무 밑둥에서 새로 생긴 잎사귀들이 풍성하게 생명력을 뿜어내고 있다.

이 넓은 대지에 찬란한 꽃들이 일년내내 번갈아 가며 만발하는 모습은 그야말로 장관이 아닐 수 없다. 울긋불긋 꽃이 핀 사방을 둘러볼 때마다 눈물겨운 감탄이 절로 나온다. 유명한 골프장을 찾아 세계 여러 곳을 다녀보았으나 이처럼 아름답고 깨끗하게 관리된 코스는 찾아보기 힘들 것이다. 망가진 코스를 기어이 살려내고자 밤낮을 가리지 않고 애쓴 모든 직원의 정성을 하나님께서 기특하게 보신 게 분명하다. 이 은혜에 보답하는 길은 단비를 먹고 기적적으로 회복된 아름다운 자

▲ 아름다운 모습으로 다시 만난 샌드 캐니언 컨트리 클럽 (1)

▲ 아름다운 모습으로 다시 만난 샌드 캐니언 컨트리 클럽(2)

연을 많은 사람이 즐기고 누릴 수 있도록 더 잘 관리하고 아름답게 가꾸는 것이라 믿고 있다.

샌드캐니언 리조트 & 스파

밸리 코스, 데저트 코스에 이어 마운틴 9홀의 개장을 준비할 무렵, 새벽마다 손수 톱을 들고 나와 코스 주위의 죽은 나무들을 정리하는 등 우리 일을 적극적으로 돕는 이웃이 있었다. 그가 바로 데일(Dale)이다. 그의 집이 골프 코스와 인접해 있는 데다, 그의 관심과 지지가 고마워 자연스럽게 친구가 되었다.

어느 날 그와 이야기를 나누던 중 특별한 제안을 받았다.

"스티브, 남은 9홀에 대한 특별한 계획이 있나요?"

"글쎄요, 아직 구체적으로 생각하지는 못했어요."

"이곳에 호텔을 짓는 것은 어떨까요? 다른 지역에서 손님이 오면 근처에 숙박할 곳이 없어서 한참 떨어진 발렌시아에 머물 수밖에 없거든요."

그와의 대화를 통해서 골프 리조트를 개발하면 어떨까? 하는 쪽으로 생각이 기울기 시작했다. 오래전 베벌리힐스에 살 때도 주말이나 휴가를 보낼 때 갈 만한 곳이 근처에 마땅히 없었고 가장 가까운 휴가지도 LA로부터 120km나 떨어진 데다 미리미리 서두르지 않으면 예약조차 어려웠다.

나는 새로운 도전에 대한 설렘과 흥분된 마음으로 오하이 밸리 인을 찾아갔다. 그곳에서 하루를 머물며 총괄 매니저로부터 유용한 정보들을 얻고 다음 날 팔로스 버디스에 있는 테라니아 리조트로 향했다. 시설 곳곳을 돌아보고 그곳 매니저들을 통해 리조트 운영에 관한 전반적인 얘기를 들었다. 두 곳을 벤치마킹하면서 이보다 더 훌륭한 리조트를 만들 수 있겠다는 생각이 들자 곧바로 개발 계획에 착수하고 싶어졌다.

이곳에 리조트를 세워 가까운 지역 주민들과 LA 카운티에 사는 사람들은 물론 다른 지역에 사는 사람들에게도 오랫동안 추억할 만한 행복한 경험을 선물하고 싶었다. 또한 이 지역에 수백 개의 일자리가 만들어져 지역 경제가 활성화될 것은 자명한 일이다.

골프장이 위치한 산타 클라리타에는 일자리가 충분치 않아 LA 다운

타운으로 출퇴근을 하는 사람들이 많다. 교통체증으로 인해 매일 왕복 서너 시간을 차 안에서 허비하는 이들에게 희소식이 될 것이다. 새로운 사업을 시작한다는 것이 결코 쉬운 일은 아니지만 이보다 더 흥분되고 신나는 일이 어디 있겠는가?

우리 골프장은 다운타운에서 40분 정도 북쪽으로 향하다 보면 35만 평에 달하는 대지가 샌 가브리엘 산에 둘러싸여 흔히 볼 수 없는 천혜의 경관에 둘러싸였다. 36홀 중 27홀은 골프 코스로 사용하고 남은 9홀 자리에 호텔 건물이 들어서면 아름다운 골프 코스 전망은 물론이고 시에라 고속도로까지 사방의 경관이 한눈에 들어온다. 이러한 경치는 어디에서도 찾아보기 힘든 어마어마한 풍경이다.

자나 깨나 '어떻게 하면 이곳에 LA 최고의 리조트를 만들 수 있을까?' 하는 생각뿐이었다. 틈이 날 때마다 좋은 아이디어를 얻고 적용하

▲ 샌드 캐니언 리조트&스파 위성지도

기 위해 펠리컨 힐, 페블비치, 아비아라, 라 코스타 등 소문난 골프 리조트들을 찾아다녔다. 그리고 숙박하는 곳마다 객실의 크기, 높이, 구조, 마감재 등을 꼼꼼히 들여다보고 매트리스, 침구, 욕실 수건까지 일일이 만져보며 품질과 촉감을 체크했다. 항상 레이저 거리 측정기를 들고 다니며 로비와 식당, 볼룸 등의 천장 높이와 동선, 바닥재 등 모든 세세한 부분을 관찰했다. 어느 곳에 가든지 관계자를 만나 양해를 구하고 레스토랑의 주방 설비와 크기를 둘러보기도 했다.

이전에는 단지 여가를 즐기고자 한 여행이었다면 이제는 새로운 아이디어를 얻고 리조트 개발에 반영하기 위한 여행이 되었다. 이런 여행이 더 큰 의미가 되었음은 두말할 나위가 없다.

쉽지 않았던 리조트 개발 과정

샌드 캐니언 리조트 개발을 야심차게 시작했다. 골프장으로 쓰이던 부지에 리조트를 짓기 위해서는 먼저 땅의 용도를 변경해야 하고 그러기 위해서는 환경영향평가(Environmental Impact Report)를 반드시 거쳐야만 했다. 환경영향평가는 새로운 개발로 인한 환경오염을 막기 위해 사업을 시행하기에 앞서, 해당 사업의 경제성뿐만 아니라 주변 환경에 미치는 영향을 미리 예측·평가하고 환경 보전 방안 등을 마련하려는 것이다. 친환경적이고 지속 가능한 발전과 더불어 건강하고 쾌적한 삶을 영위하기 위한 것이므로 새로운 개발 프로젝트를 진행하기 위해서는 피해 갈 수 없는 과정이다.

리조트 개발 경험이 전혀 없던 나는 이미 오래 전부터 골프장으로 사용하던 곳에 리조트를 짓는 것이므로 환경영향평가 과정은 형식적으로 거치는 거라 생각했다. 그런데 골프 코스를 처음 조성할 당시와 똑같은 절차를 밟아야 하고 많은 시간과 비용이 드는 복잡한 일임을 뒤늦게 알게 되었다.

건축물이 들어설 대지의 토질 검사, 희귀 생물 존재 여부, 인디언 유적지 여부 조사, 화재 방지 대책 외에도 이 프로젝트가 완성되고 난 후에 추가되는 교통량, 소방, 안전 대피, 소음 등 다양한 분야의 리포트를 제출해야 한다.

처음부터 모든 절차를 총괄할 수 있는 회사에 맡겼더라면 고생도 덜하고 시간과 비용도 절약할 수 있었을 텐데 하는 후회도 남지만 직접 부딪히면서 이전에 몰랐던 값진 경험을 할 수 있었다.

진행 과정에서 적극적으로 협조해 주리라 기대했던 시(市) 공무원들이 오히려 사사건건 트집을 잡고 필요 이상으로 많은 것을 요구할 때는 억울함을 참을 수가 없었다. 각 분야의 컨설턴트 역시 누구 하나 자기 일이라 여기고 적극적으로 나서지 않아 마음고생을 많이 했다.

리조트는 일상으로부터 벗어나 휴양, 스포츠, 관광 등 특별한 휴가를 즐기려는 사람들이 찾는 곳이다. 그러므로 토목, 건축 설계, 인테리어 디자인, 조경 등 여러 분야에서 풍부한 경험을 갖춘 전문가들이 최고의 공간과 시설을 만들기 위해 머리를 맞대야만 한다. 그러자면 당연히 한 지붕 아래서 수시로 의논하며 작업하는 것이 당연할 텐데 각

회사가 따로 떨어져 있다 보니 의사소통이 신속하고 정확하게 이루어지지 않았다.

토목과 건축 디자인은 거의 모두 '오토캐드(Auto-CAD)'라는 프로그램으로 그려진 2D 평면 도면에서 구현된다. 건축 전문가가 아닌 일반인이 평면 도면을 보고 실제 지어질 건물을 입체적으로 상상하기란 거의 불가능에 가까운 일일 것이다. 나 역시 전체 모습이 구체적으로 상상되지 않아 답답하던 중 우연히 '레빗(Revit)'이라는 3D 건축 설계 소프트웨어가 있다는 것을 알게 되었다. 답답함이 순식간에 해결되는 것 같았다.

모든 설계를 레빗으로 하기로 마음먹고 수소문한 끝에 샌디에이고에 있는 건축 회사를 찾아냈다. 2D와 3D를 자유롭게 오가면서 입체적으로 볼 수 있게 되자 실제로 지어질 건축물이 눈에 들어오기 시작했다. 매주 4~5시간을 왕복하며 샌디에이고까지 내려가서 작업 내용을 확인하고 수정할 부분을 발견하면 즉시 바로잡아 나가곤 했다.

또 하나의 창업 'ONESTOP DESIGN'

앞서 언급했듯 건축 개발에 필요한 각 분야의 엔지니어, 디자이너들이 각자 자기 회사에서 따로 떨어져 일하고 있던 탓에 원활한 협업이 어려웠다. 무엇보다도 새로운 아이디어가 생겼을 때 이를 정확하게 전달하고 디자인에 반영하는 것이 쉽지 않기 때문에 예상외로 시간과 비용이 들어가는 것은 당연하고 흡족한 결과를 내기가 힘이 들었다.

이런 불합리한 여건을 극복하기 위해서는 건축 설계사와 건축에 필요한 여러 분야의 엔지니어들이 한 사무실에 모여 일하는 길밖에 없어 보였다. 생각 끝에 나는 'ONESTOP DESIGN'이라는 건축 설계 사무소를 LA 코리아타운에 개설하였다. 사무실을 꾸밈과 동시에 최고 사양을 갖춘 컴퓨터를 갖추고 레빗, 오토캐드, 스케치업 등 건축 전문 소프트웨어들을 설치하였다. 그리고 이것들을 능숙하게 다룰 수 있는 8명의 전문 디자이너를 채용하였다.

ONESTOP DESIGN 설계 사무소를 연 후로는 새로운 아이디어가 떠오르는 즉시 디자인에 적용할 수 있게 되었다. 어떤 생각이라도 곧바로 3D로 도면화되어 가는 과정을 지켜보면 "와우!" 하는 감탄사가 절로 나왔고 그동안 외부 전문가들과 일하며 받던 스트레스가 일시에 해소되는 것 같았다. 이렇게 직접 설계 사무소를 열고 팀을 꾸려서 프로젝트를 진행하기로 한 결정은 지금 생각해도 통쾌한 발상이 아닐 수 없고 리조트 개발에 큰 원동력이 되었다.

나는 무슨 일을 하든지 다른 사람에게 일을 맡기고 '알아서 잘 하겠지' 하며 기다리는 성격이 못 된다. 제대로 되고 있는지 내 눈으로 직접 확인하고 챙겨야만 직성이 풀리고 안심이 되는 까닭이다. 예전에 사업할 때도 제품 개발에서부터 마케팅, 생산 공장 등 모든 분야를 한 지붕 아래 두고 하루 종일 각 부서를 돌아다니며 챙기고 또 챙기는 것이 습관이 되었다.

만에 하나라도 어느 부서에서 삐끗하여 납품이 제때 이루어지지 않는다면 분기 실적에 영향을 미치게 되고 이것이 곧바로 주가에 반영되어 투자자들에게 돌아갈 손실까지를 늘 염두에 두고 있었기 때문이다. 스스로 무한 책임을 지려는 치밀한 성격이 결국 '60전 60승의 성공 신화'를 이루어낸 비결이라 믿고 있으며 이런 성격은 현재 하는 일에도 고스란히 반영되고 있다.

지난 2016년, 샌드 캐니언에 발생한 화재로 골프장이 훼손되었을 때 이를 복구하기 위해 골프 코스 전문 시공사를 종합 건설사(GC, General Contractor) 고용하고 일을 맡겼으나 실제 계약한 내용을 제대로 이행하지 않아 애를 먹은 적이 있다. 이 경험을 통해 앞으로 그 어떤 계약에도 신중을 기하고 GC에게 전적으로 맡기지 않아야겠다고 다짐했다.

대부분의 건축 공사는 개발자이자 건축주가 설계를 외부에 맡기고 시공은 GC가 총괄하게 한다. 그러면 GC는 다시 분야별 하도급 업체(토목 공사, 콘크리트 개설, 전기, 배관, 조경, 냉난방, 창호, 타일, 바닥, 벽, 목공, 인테리어 등)를 선정하고 그들에게 공사를 맡긴다.

업체들은 자기가 맡은 공정의 자재를 직접 구입하고 시공까지 하는 것이 관례인데, 문제는 건축주가 원하는 품질의 자재를 계약서대로 사용하지 않거나 각 공정의 마감을 잘 해낼 만한 숙련된 기술자들을 투입하지 않고 이익을 내기에만 급급한 업체를 만날 우려가 있는 것이다. 이런 상황에서는 품질은 물론 공정을 맞추지 못하고 소송까지 가는 경우가 허다하다.

경쟁 입찰로 공사를 따내느라 낮게 제시한 금액을 만회하고자 현장 설계 변경을 유도하는 것도 흔히 있는 일이다. 이러한 위험 부담을 최소화하기 위해서는 가능한 한 모든 공정을 세분화하고 각 분야의 협력 업체를 직접 선정하며, 자재도 직접 공급한 다음 시공을 하게 하면 공사 지연을 막고 비용 절감은 물론 내가 원하는 고품질의 결과를 낼 수 있다고 믿는다. 그러기 위해서는 건축주가 모든 과정을 상세히 알아야 하는데 그 부분이 쉽지 않기 때문에 어쩔 수 없이 GC를 통해 위탁 시공하는 것이다.

뜻밖의 좌절

샌드 캐니언 리조트 개발은 환경영향평가를 마치는 데 1년, 건축 기간 2년 정도를 예상했었다. 그런데 리조트 개발이 주변 환경에 부정적인 영향을 미치지 않는다는 결론을 얻는 데만 무려 3년 반이 걸렸다.

처음에는 지역 주민들과 시에서 우호적으로 도와주리라 기대했고 개발 과정이 즐거울 것 같았는데 냉혹한 현실과 이기적인 사람들의 태도에 큰 상처를 받았다.

마침내 예정된 2020년 3월, 공청회가 시작되었다. 많은 사람들이 이 프로젝트를 두고 관할 시와 지역 주민에게 큰 혜택이 주어질 것으로 예상했고 환경영향평가에서도 아무런 문제가 없음을 확인했기 때문에 공청회야말로 절차상 필요한 것일 뿐 쉽게 통과가 될 것으로 짐작했다.

그런데 웬걸, 일부 주민이 거세게 반발하고 나섰다. 2016년 화재가 발생했을 당시, 대피하는 데만 두 시간 이상이 걸렸다는 것을 상기시키며 리조트가 생길 경우 지역 주민들과 호텔 투숙객 간 병목 현상으로 대피가 더 지연될 수도 있다고 주장했다.

이들은 오래전부터 이곳에 살면서 변화 자체를 꺼리는 노인들이었다. 그렇기 때문에 지역 자산 가치의 상승, 일자리 창출, 세금 수입의 확대 등 긍정적인 효과가 매우 큼에도 불구하고 맹목적으로 반대하고 나섰다.

이렇다 할 변화나 진전 없이 세 번의 공청회를 거친 끝에 2021년 7월 13일 개최된 마지막 공청회에서 시의원들에 의해 개발 계획이 무산되는 사태가 발생했다. 4년이 넘도록 수십억 원을 써가며 나의 모든 열정을 쏟았던 것이 하루아침에 물거품이 된 것이다. 이 결정이 내게는 마치 사형 선고처럼 느껴졌다. 쉼 없이 달려가다 갑자기 멈춘 채 '앞으로 뭘 하지?' 하는 생각으로 망연자실했다.

밤새 잠을 설치다가 다음 날 사무실로 출근하자마자 8명의 디자이너들과 한자리에 앉았다. 새로운 프로젝트를 찾지 못하면 사무실을 폐쇄할 수밖에 없음을 알리고 새로운 프로젝트를 할 수 있는 다른 지역을 찾아보자고 제안했다.

테메큘라 프로젝트 발견

그러던 어느날, 한 직원이 테메큘라(Temecula)라는 지역에 대해 언급하며 그곳에 와이너리(winery)가 많고 많은 관광객이 찾는 곳이라 리조트 개발에 적합할 것이라는 의견을 냈다. LA에서 그리 멀지 않고 잘 알려진 골프 코스도 꽤 많이 있어 나도 예전에 가본 적이 있는 곳이었다.

좋은 위치의 와이너리를 사서 리조트를 개발할 수도 있겠다는 생각으로 회의를 마치자마자 테메큘라 지역의 부동산 중개사를 검색해서 적합한 부지를 찾아줄 것을 요청했다. 그리고 며칠 뒤 매물로 나온 와이너리를 보기 위해 그곳으로 내려갔다. 중개사들과 함께 이곳저곳을 둘러보는 동안 깨끗하고 쾌적하게 조성된 도시 이미지로부터 매우 좋은 인상을 받았다.

그런데 와이너리에는 1,200평 대지를 기준으로 객실을 두 개 이상은 지을 수 없다는 규정을 그제서야 알게 되었다. 예상치 못한 한계에 부딪혀 낙담한 채 돌아오려는데 우리를 안내한 중개사가 이왕 왔으니 시청에 들러 다른 개발 예정 부지가 있는지 알아보자고 했다. 그의 의견대로 시청에 방문하여 개발홍보담당자인 크리스틴 뎀코(Christine Demko)를 만났다.

우리가 찾으려는 부지에 대해 설명하자 그녀는 시청 바로 옆에 있는 2,700평의 부지로 안내해 주었다. 테메큘라 구도심에 위치한 이곳은 테마큘라 시에서 2010년에 호텔 부지로 용도를 정하고 이미 환경영향

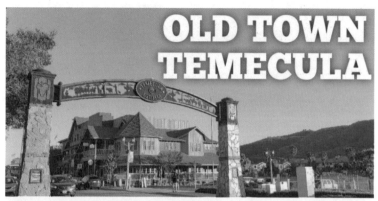

▲ 테메큘라 올드타운 지역과 와이너리 (1)

▲ 테메큘라 올드타운 지역과 와이너리 (2)

평가까지 마쳤으며 8층까지 건축이 가능하다고 했다. 게다가 1,000명 이상을 수용할 수 있는 연회장과 24시간 풀 서비스가 가능한 고급 호텔을 짓는다면 시에서 세금 혜택까지 줄 수 있다고 덧붙였다.

하지만 불과 며칠 전까지 매달렸던 샌드 캐니언 리조트는 대지가 3만 평에 달했기 때문에 10분의 1도 안 되는 곳에 호텔 리조트를 짓기란 불가능해 보였다.

다음날 직원들에게 해당 부지의 지번을 주고 며칠 동안 서로 아이디어를 모으고 여러 각도에서 시도해 본 결과 합리적인 객실 수와 고급 호텔이 요구하는 부대 시설들을 모두 갖출 정도의 디자인을 도출해 낼 수 있었다. 대지 면적은 비록 작더라도 8층까지 건물을 올릴 수가 있기 때문이다.

부지 형태에 맞도록 평면도와 입면도를 그린 다음 테메큘라 리조트 & 스파 개발 계획 가안을 들고 시 담당자를 만나 논의한 결과 개발에는 아무런 무리가 없으며 시에서도 이와 같은 고급 리조트의 필요를 절실히 느끼고 있음을 확인했다. 나는 샌드 캐니언 리조트 프로젝트의 환경영향평가 과정이 너무도 힘들었기 때문에 그 절차를 거치지 않아도 된다는 사실이 너무도 반가웠고 시에서 이미 원하고 있는 프로젝트라는 생각에 매우 들떠 있었다. 그리고 새로운 프로젝트에 집중함으로써 샌드 캐니언 프로젝트의 승인 거부로 인한 충격에서 빠져나올 수 있었다.

서둘러 부지를 매입하고 설계를 구체화하기 시작했다. 샌드 캐니언 프로젝트에서 디자인을 해 보았기 때문에 호텔 객실이나 여러 부대 시설을 배치하는 것은 매우 쉽고 빠르게 진행되었다. 테메큘라 구도심은 1880년도에 서부영화에 등장하던 카우보이 마을로 형성된 곳이다. 그래서 옛날식 조그마한 술집과 식당, 선물 가게 등이 중심가 양쪽으로 늘어서 있다. 시에서는 이 구도심의 역사성을 보존하기 위해 새로 들어서는 건물에 대한 디자인 규정(Old Town Specific Guide Line)을 까다롭게 적용하고 있었다.

우리 프로젝트도 예외가 아니어서 기본 건축 양식부터 건물의 깊이, 높이, 자재 등 시에서 정한 가이드 라인에 맞게 모든 기준을 충족해야만 했다. 그런데 2~3층의 낮은 건물을 전제로 오래전에 만들어진 기준을 7층 높이의 우리 건물에 그대로 적용할 수가 없었다. 결국 여러 스타일과 디자인을 놓고 시와 협의를 주고받으며 세부 요건들을 맞추는 데만 2년을 씨름해야 했다.

▲ 테메큘라 리조트&스파

한편 의욕만 앞섰지 경험은 전무한 상태로 추진하느라 여러 시행착오를 겪어야만 했던 샌드 캐니언 리조트를 현실적인 입장에서 새롭게 검토하기 시작했다. 2017년 당시에는 미처 생각하지 못하고 놓쳤던 것들이 테메큘라 리조트를 개발하는 과정에서 하나씩 보이기 시작했고 새롭게 떠오른 아이디어를 샌드 캐니언 리조트 계획을 수정하는 데 반영했다.

2년이 지난 후 리조트 개발 계획을 다시 제출할 때는 프로젝트를 반대하던 일부 주민들을 설득하기 위해 개발 규모를 3분의 2로 줄였다. 애초에 4만 2,000평으로 예정했던 개발 부지를 17,000평으로 줄이고 객실 수도 380개에서 290개로 줄였다. 개발 부지가 대폭으로 줄어들자 부대시설도 낭비 없이 적절한 크기가 되었고 여러 면에서 훨씬 친환경적인 디자인이 가능해졌다.

무주 드림연수원

미국에서 두 프로젝트를 진행하는 동안 스트레스는 말할 수 없이 컸지만 한편으로는 백지에 그림을 그리듯 '무에서 유'를 창조해 내는 재미가 하룻밤에 만리장성을 쌓는 듯한 쾌감을 주었다. 잠에서 깨어 뒤척이다 아이디어가 떠오르면 다음 날 출근하자마자 디자이너와 머리를 맞대고 즉시 적용해 보곤 했다. 이쪽저쪽으로 커서를 옮겨가며 작업하다 보면 불과 몇 시간 만에 원하는 공간을 구현해 낼 수 있고 항상

▲ 무주 드림연수원 야간 조감도

머리를 맞대고 의논하며 문제를 풀어갈 팀이 상주하고 있으니 가능한 일이었지 다른 건축 회사에 설계를 의뢰했다면 상상도 못 할 일이다.

부지를 매입하고 설계를 거쳐 건축을 진행하는 개발 사업이 내게는 더 이상 생소하거나 어렵지 않았고 여건만 허락한다면 몇 개의 프로젝트라도 할 수 있다는 자신감이 생겼다.

그러던 어느 날 한국의 독거노인들이 힘겹게 생활하고 있는 모습을 뉴스를 통해 보게 되었다. 나는 의지할 곳 없는 노인들이 말년을 편히 지낼 수 있도록 공동 주거 시설을 지으면 좋겠다는 생각이 들어 폐가들로 골치를 앓고 있는 시골의 조용한 마을을 찾아 건축하기로 마음먹고 그 후 한국을 방문하여 부지를 찾기 시작했다.

지방에 있는 폐교된 학교 부지를 수소문하는 과정에서 지방으로 내려갈수록 노인 복지가 너무 잘되어있음을 알게 되었다. 각 자치단체에 의해서 복지 선진국임을 실감할 정도로 의료는 물론 일상의 돌봄까지 매우 구체적이고 체계적으로 운영되고 있었다.

막연히 짐작했던 것과 현실이 많이 다름을 느끼고는 계획을 접으려 하자 아내는 노인들을 위한 시설 대신 교육 연수원을 짓는 것이 어떻겠느냐는 새로운 제안을 했다.

얘기인즉, 코로나19 팬데믹 동안 학교 수업이 비대면으로 전환되면서 중단할 수밖에 없었던 교육 사업을 '찾아가는 방식'에서 '찾아오는 방식'으로 전환해 보자는 것이었다.

애초에 우리 교육은 기관의 요청이 있을 때마다 전국 어디든 마다하지 않고 현장으로 찾아가서 캠프를 진행해 왔다. 이틀간의 전일 교육을 위해 강사들은 전날 미리 출발하여 교육장 세팅을 해야 하고 둘째 날 교육을 마치는 대로 사무실로 복귀하는 경우가 대부분이었다. 그러다 보니 제아무리 열정과 사명감이 뛰어난 청년들이라도 해를 거듭할수록 피로가 쌓여 장기적으로 일하기란 사실 녹록지 않았다.

수시로 강사를 채용하고 양성하면서 교육 사업 전체를 책임지며 이 문제를 놓고 늘 고심해 왔기 때문에 새로운 시도가 대안이 되리라 기대한 것이다. 우리가 좋은 장소를 찾아 연수원을 건립한다면 장거리 숙박 출장으로 인한 강사들의 피로를 줄이고 학교가 아닌 새로운 환경 속에서 학생들의 교육 참여도를 더욱 높일 수 있다는 얘기였다. 게다가 찾아가는 형태의 한계로 인해 대상을 확대하기 어려웠던 점도 동시에 해결될 거라고 했다.

일리가 있는 얘기였다. 중부 지역 어딘가에 자리를 잘 잡으면 전국 어디에서나 접근하기 좋을 것 같아서 직원들과 함께 폐교 현황을 알아보기 시작했다.

적당한 폐교를 물색하는 중에 전북 무주에도 폐교가 여럿 있고, 유스호스텔을 건축하려다 예산 문제로 중단된 곳이 있다는 얘기를 들었다. 처음에는 척박한 시골이겠거니 생각하고 건성으로 들었으나 무주가 우리나라 국토의 한가운데이며 도로가 잘 연결되어 있어 서울에서도 2시간 이내, 대전에서는 불과 40분 정도라는 얘기를 듣고 깜짝 놀랐다.

무주구천동으로 유명한 무주는 산과 강이 어우러진 곳으로 스키 리조트, 반딧불 축제, 태권도원 등으로 잘 알려졌고 사계절 내내 관광객이 방문하는 천혜의 자연환경을 갖춘 곳임을 새롭게 알게 되었다. 지인은 무주 방문이 처음인 내게 지역 자랑을 한참 늘어놓더니 다음 날 황인홍 무주군수와의 면담을 주선해 주었다.

군수를 만나 우리 계획을 설명하자 그는 너무도 반갑게 내 손을 덥석 잡으며 말했다.

"회장님, 우리 무주가 얼마나 좋은 곳인지 아십니까? 정말로 이런 곳 드물어요. 제가 꼭 추천하고 싶은 부지가 있습니다. 무주 IC에서 5분이면 도착하고 조용한 데다 주변 경치도 좋습니다. 연수원으로서는 최적지일 거예요. 우리 무주군에 좋은 시설이 들어서고 지역 경제가 살아날 수 있다면 제가 할 수 있는 일은 뭐든 적극적으로 도와드리겠습니다. 현장을 먼저 보시고 바로 계획을 세워주십시오" 하며 지방 소도시가 소멸 위기에 처하게 된 안타까운 상황들을 얘기했다. 그리고는 외부로부터 투자를 유치하지 않고는 해결하기 어려운 문제라며 간절함을 표시했다.

무주는 경상남북도, 전북특별자치도, 충청남북도 등 5개 도 6개 시·군이 만나는 중심에 위치해 있다. 특히 국토의 남북축을 형성하는 대전·통영 고속도로가 무주를 관통함으로써 서울, 부산 등 전국 어디서나 2시간대에 도달할 수 있는 접근성을 갖추고 있으며 명실상부한 내륙 교통의 중심지로 무한한 성장 잠재력을 지닌 지역이다.

사계절이 아름답기로 유명한 덕유산과 더불어 '붉은 치마를 두른 산'이라는 뜻의 적상산은 가을 단풍이 그야말로 장관이다. 여름철이면 장수에서 발원하여 무주, 충청권역을 지나 군산만을 통해 서해로 흘러가는 금강변으로 래프팅이 분주하며 무주 구천동 계곡은 내가 어릴 적부터 들었을 정도로 전 국민이 다 아는 피서지이다.

1997년 동계올림픽 개최지로 국내외에 알려진 스키장은 해마다 겨울이면 스키, 보드 등 다양한 겨울 스포츠를 즐기는 사람들과 수려한 설경을 찾는 관광객들로 붐빈다. 2014년에 세워진 태권도원 역시 국제적으로 위상을 떨치기에 충분할 만큼 지리적 여건과 주변 경치가 빼어나다. 이외에도 반딧불 축제, 영화제를 비롯한 다양한 관광 상품들

▲ 교통의 요지. '무주 자연특별시'

이 풍성하여 2024년 한 해 동안 무주를 방문한 사람들이 약 천만 명에
이를 정도이다.

　미팅을 마치고는 곧바로 군수가 추천하는 폐교로 향했다. 1970년에
용포초등학교로 시작했으나 2006년경 폐교된 후 2016년까지 '용포공
예원'으로 운영하다 시설 낙후로 방치된 상태였다.

　군수의 설명대로 주변 풍광이며 위치가 연수원을 건립하기에 좋은
곳이라는 확신이 들었고 새로운 시작을 생각하니 마음이 흥분되기 시
작했다. 군청 실무자들을 만나서 부지 매입 및 건축 허가 절차에 관하
여 구체적으로 알아본 후 곧바로 미국의 설계 사무소 직원들에게 이
사실을 알렸다.

　이후 내 머릿속은 온통 연수원 건립에 관한 상상으로 채워지기 시작
했다. 예정된 2주간의 일정을 마치고 LA에 도착하자마자 디자이너들

을 한자리에 모아 연수원에 대한 청사진을 그렸다. 한국에서 행정 절차가 진행되는 동안 LA에서는 설계도를 완성하여 소유권 이전을 마치는 즉시 건축 인허가 신청을 진행하려는 것이었다.

직원들과 구체적인 그림을 그리고 본격적인 사업 계획서를 만들었다. 170여 개의 객실과 400여 명이 식사할 수 있는 뷔페 레스토랑, 10개의 교육장, 소그룹을 위한 2개의 세미나실 그리고 400여 명을 수용할 수 있는 큰 행사장을 갖춘 곳으로 연 면적 3,000평에 달하는 규모이다. 큰 행사장에서는 지역 주민들을 초대한 음악회, 공연과 강연 등을 수시로 개최할 예정이다. 이곳을 찾는 사람들 누구나 비용 대비 만족도를 극대화함으로써 다시 찾고 싶은 명소로 만드는 것이 우리의 목표였다.

2024년 1월, 드디어 부지 매입 절차를 마치고 예정대로 건축 허가를 신청했다. 미국에서는 두 개 프로젝트 모두 몇 년째 허가를 기다리고 있는 반면, 무주군의 행정 처리는 상상을 초월했다. 명절 연휴를 끼고도 한 달이 채 못돼서 허가를 내주었고 군청 직원들 모두가 부서를 막론하고 친절하기 이를 데 없었다. 미국에서 쌓인 체증이 쑥 내려가는 것 같이 시원했고 진정한 선진국이 된 우리나라가 자랑스러웠다.

허가를 취득하자마자 낙후된 건물을 철거하고 3월에 시작한 공사가 불과 1년 만에 완성된다.

개발, 건축을 해 본 적은 없지만 호기심이 많은 나는 건설사에 일괄 위임하지 않고 건축 설계, 인테리어 디자인, 조경 설계 등 모든 건축 공정에 온 열정을 쏟으며 직접 총괄했다.

주위 모든 건축 관계자들은 이렇게 큰 규모의 건축을 건축주가 직접 짓는 사례는 처음이라고들 한다. 그렇기에 더욱더 모두의 감탄을 자아내는 가장 아름다운 연수원을 짓기 위해 쉼 없이 달려왔다. 이 과정에서 건축 전 과정에 대한 구체적인 식견을 얻을 수 있게 되었고 이 경험은 2025년 착공 예정인 미국 테메큘라 리조트 개발에 큰 도움이 될 것이다.

현재까지 40만 명 이상의 청소년들과 교사, 대학생, 육군 간부들과 그 가족이 우리 교육을 통해 많은 변화를 경험했다. 이 결과들을 볼 때마다 남녀노소 할 것 없이 누구에게나 꼭 필요한 교육임을 거듭 확인했음에도 불구하고, 찾아가는 형태의 한계로 인해 대상을 확대하기가 쉽지 않았다. 이제는 무주 드림연수원이 건립됨으로써 누구나 천혜의 자연환경에 둘러싸인 쾌적한 시설에서 '나를 찾아가는 여행'을 충분히 누릴 수 있으리라 확신하고 있다.

오랫동안 신뢰를 쌓아온 교육 관계자들에게 연수원 건립 계획을 알리자 모두가 흥분을 감추지 못하고 한목소리로 환호했다. 해마다 반복되는 수학여행, 체험학습 등 교외 활동에 특별한 변화가 필요하며 우리 프로그램과 기관에 대한 검증은 지난 10여 년 동안 보여 준 결과로 충분하다는 것이다. 게다가 교실에서 놓쳐버린 교권을 회복하기 위해서는 자체적인 노력 외에 학교 밖에서의 새로운 시도가 효과적일 수도 있다며 기대감을 드러냈다.

연수원에 머무는 동안 차별화된 콘텐츠를 통해 자기 자신과 상대를 제대로 이해함으로써 서로 존중하고 인정받는 성숙한 태도를 실천할 수 있을 것이다. 가정과 직장은 물론이고 크고 작은 여러 조직에서 사회생활을 하는 동안 겪게 되는 다양한 갈등과 어려움들로부터 빠져나와 행복한 일상으로의 회복을 이끌어낼 소중한 기회가 될 것을 믿어 의심치 않는다.

무주 드림연수원을 찾게 될 다양한 대상들에 맞춰 콘텐츠 또한 다양하고 구체화 될 것이다. 특히 자연 특별시로 이름지어질 정도로 아름다운 사계절마다 각기 다른 관광, 스포츠 등과 연계한 새로운 프로그램을 개발 중이다. 중·고등학교 청소년들에게는 다양한 체험활동과 더불어 수학여행을 대체할 의미 있는 과정이 될 것이며 성인들 또한 재미와 의미 그리고 감동이 있는 특별한 추억이 될 것이라 믿는다.

지방의 작은 도시들이 대부분 겪고 있는 노령화로 인해 구인구직 난이 심각하고 도시 자체가 소멸 위기에 처했다고 볼 수도 있다. 나는 우리 연수원이 무주군에 많은 새로운 일자리를 창출하고 무주군에 새로운 활력을 불어넣을 수 있기를 진심으로 희망한다.

▲ 무주 드림연수원 부지 위성지도 (출처: 카카오맵)

▲ 무주 드림연수원 입체 조감도

▲ 무주 드림연수원 로비

▲ 무주 드림연수원 대강의실

▲ 무주 드림연수원 소강의실

▲ 무주 드림연수원 식당

▲ 무주 드림연수원 객실

▲ 무주 드림연수원 화장실

다시 찾아온 기적

오래전 두 번의 창업을 성공적으로 마무리할 수 있었던 것은 실로 기적과 같은 일이었다. 나도 남들 만큼 잘 살고 싶다는 간절한 소망과 내게 주어진 일, 직원들에 대한 책임감으로 최선을 다했을 뿐인데 상상을 뛰어넘는 결과로 유종의 미를 거두었기 때문이다.

이후 오직 청소년에 대한 안타까운 마음 하나로 꿈희망미래 리더십 센터를 세우고 시작한 교육 사업이 교육 관계자들로부터 '사람 살리는 일', '기적의 캠프'라는 찬사를 듣게 되었으니 이것 역시 기적이라고 할 수밖에 없다.

그리고 다시 돌아갈 일은 없을 것이라 여기고 한국에서 강연과 교육 사업에 열중하다 우연한 기회로 경영난을 겪는 골프장을 인수하고 미국으로 건너가 LA 명문 코스로 이전의 명성을 회복하는 과정에도 내 계획을 뛰어넘는 축복들이 넘쳤다.

36홀이던 골프 코스를 27홀로 줄이고 남은 9홀 자리에 골프 리조트를 개발하고자 건축 설계를 의뢰하는 과정에서 불합리한 점을 바로잡고 효율을 높이기 위해 'ONESTOP DESIGN'이라는 설계 사무소를 꾸린 것도 지금에 와서 생각하면 우연이라고 할 수 없다. 이것을 계기로 테메큘라 리조트 개발을 시작할 수 있었고 궁극적으로 무주 드림 연수원이 탄생했기 때문이다.

나는 예나 지금이나 대충 또는 적당히 넘어가는 법이 없다. 알아서

들 하겠거니 생각하고 뒷짐 지고 있다가 예기치 못한 낭패를 볼 수 있고 나의 안일한 태도로 인해 다른 사람들에게까지 피해가 미칠 수 있기 때문이다. 이렇듯 위기에 대한 막연한 두려움은 무슨 일이든 구체적으로 들여다보고 내 눈으로 확인해야만 직성이 풀리는 습관이 되어 버렸다. 비록 처음 해 보는 모르는 분야라 하더라도 가장 효율적이고 합리적인 결정을 내리기 위해서는 스스로 고민하고 방법을 찾아야 안심이 되기 때문이다.

무주 드림연수원의 건축 과정도 마찬가지였다. 연 면적이 3천 평에 달하는 건축이면 시공사에서 전체 공사를 맡아 하는 것이 당연하다 여길 것이다. 그러나 나는 변화를 꾀하고 새로운 도전을 즐기는 천성 탓에 남들 하는 대로 무조건 따라 하고 싶지 않았고 건축주 직영 공사를 시도했다.

미국에 계획 중인 리조트 프로젝트와 같은 방식을 먼저 구현해 보고 싶었기 때문에 흔히 하는 철근 콘크리트가 아닌 경량철골구조로 건축했다. 자재 선정과 발주 역시 내가 직접 개입하고 세세하게 관여하기 위해서는 사전에 건설사와의 충분한 협의가 필요했는데, 여느 때처럼 건설사들이 호황을 누렸다면 이런 까다로운 계약을 굳이 하려 들지 않았을 것이다.

그러나 개발이 거의 멈추다시피 할 만큼 건축 시장이 급격히 위축되자 이것이 오히려 내게는 기회가 되었고 은인 같은 분을 만나 한배를 타게 되었다. 나는 그에게 현장을 총괄하는 팀장을 맡기고 함께 현실적인 문제들을 풀어나갔다. 앞뒤 안 가리고 자기 일처럼 나서서 뛰어다니는 그의 태도는 늘 우리를 감동하게 했다. 하루는 고마운 마음을 따로 표현하고 싶어서 500만 원을 건넸더니 캄보디아로 집짓기를 떠나는 단기 선교팀에 고스란히 헌금을 보태고 왔다.

그를 도와 현장 곳곳을 메워주는 조용한 맥가이버 반장님을 비롯해 아무리 작은 안전사고도 절대 있어서는 안 된다며 두 눈을 부릅뜨고 살피고, 모든 공정이 순조롭게 진행되도록 현장을 지휘해 준 소중한 이들을 만난 것도 결코 우연이라고 할 수 없다.

경량 철골 설계, RC 시공, 내장 인테리어 등 일일이 열거할 수 없을 정도로 모든 협력 업체 대표들이 자기 일처럼 발 벗고 나서주었다.

특히 건물의 혈관 및 신경이라 할 수 있는 기계설비의 경우 믿을 만한 전문업체를 섭외한 덕에 낭비 없는 설계가 가능했고, 향후 건물의 유지 관리까지 믿고 맡길 수 있게 되었다.

최근에는 건물 외관 장식에 사용할 몰딩을 고민하다가 한 업체를 찾게 되었다. 이분은 얼굴 한번 본 적 없이 도면만을 주고받으며 함께 일하게 되었는데 세세하게 작업을 논의하는 과정 하나하나가 그야말로 감동의 연속이었다. 내가 미처 알지 못하거나 다른 공정에 영향을 끼치는 구체적인 요소까지 일일이 설명하며 챙겨 주었다.

내가 만난 협력 업체의 대표들은 하나같이 설계에서부터 시공까지 현장을 발로 뛰는 사람들이었기에 합리적인 의사결정과 빠른 시공이 가능했다. 미국에서 이 정도 규모의 건축을 하려면 적어도 3년은 족히 걸렸을 테고 한국에서도 2년은 걸렸을 것이다. 그런데 우리가 불과 10개월 만에 공사를 마친 것은 기적과도 같은 일이다. 공사가 막바지에 접어들 무렵부터는 매일 100여 명이 현장에 투입되었다. 그 중 어느한 사람도 예외없이 바삐 뛰어다니며 '혼을 담은 시공'을 이뤄내는 모습은 볼 때마다 눈물겨운 감동을 안겨주었다.

처음 건축 허가를 준비할 때부터 모든 절차마다 적극적인 관심으로 신속하게 처리해 준 무주군청 관계자들에게 받은 감동 또한 그냥 지나칠 수 없을 만큼 특별하다. 이들 모두가 지역의 발전을 위해 진심으로 민원을 대하며 마치 가족같이 느껴졌기 때문이다.

공사가 시작되고부터 무주 드림연수원 앞을 지나다 차를 세우고 내려 사진을 찍기도 하고 정성껏 농사한 과일과 채소를 정겹게 나눠 주는 소박한 이웃들이 있다. 미국과 서울 대도시에서 오래 살았지만 늘 그리워했을 뿐 누려보지 못한 인심이고 정이다.

지금 이 순간까지 내 삶은 기적의 연속이었다.

Chapter 5

가장 이타적인 것이
가장 이기적인 것이다

*

내가 아이들에게 남겨 주고 싶은 것은

많은 재산이 아니라

'바른 정신과 성실한 자세로

행복하게 살아가는 방법'이다.

부족함이 있을 때 얻고자 하는 절실함이 생기고,

절실함이 있을 때 뜨거운 열정과

잠재력을 발휘할 수 있다

*

가장 좋은 유산

미국에는 자신의 전 재산을 자녀에게 유산으로 남기기보다, 사회에 환원하는 문화가 오래전부터 정착되어 있다. 그래서 많은 부자들이 '노블레스 오블리주(noblesse oblige)'를 실천함으로써 기꺼이 사회적 책임을 다하고 시민들로부터 존경을 받는다. 부자로 살면서 다른 사람을 돕지 않거나 기부에 인색한 사람들은 어리석다는 비난을 피하기 어렵다. 우리나라에도 유한양행 설립자이신 고(故) 유일한 박사처럼 전 재산을 사회에 환원하고 존경받는 분이 있고, 노블레스 오블리주에 대한 인식도 과거에 비해 많이 높아진 것 같다.

매년 미국에서 걷히는 자선기금은 수백조 원에 달하고, 그 기금은 대부분 거부(巨富)가 아닌 평범한 사람들로부터 나온다. 중요한 것은 액수가 아니라 기부하고자 하는 마음과 태도이다. 평범한 사람들의 위대함이 미국을 최강국으로 만들었는지도 모른다. 수만 명의 사람들이 힘겹게 모은 재산을 사회에서 유용하게 쓰고자 가족재단을 설립하고 나눔 사업을 펼친다. 우리가 알고 있는 록펠러 재단, 카네기 재단, 빌&멜린다 게이츠 재단 등이 그 대표적인 예라고 볼 수 있다. 이 사람들은 재단 이사장으로서 의미 있는 목적 사업을 찾고 기금을 잘 운용하는 일에 정성을 기울인다.

한국에 오자 현재 내 재산의 규모와 자녀들에게 얼마를 물려줄 것인지 많은 사람들이 궁금해했다. 부모의 재산을 자녀에게 물려주는 것이 당연하다고 생각하는 것 같다. 그러나 내가 아이들에게 남겨 주고 싶은 것은 많은 재산이 아니라 '바른 정신과 성실한 자세로 행복하게 살아가는 방법'이다.

내가 부모님으로부터 받은 유산도 '가난'과 '남을 사랑하는 따뜻한 마음'이었다. 가난을 통해 갖게 된 '헝그리 정신'이 내 성공의 원동력이었고 성공하는 과정에서 얻은 커다란 성취감이 내 인생을 행복하게 했다. 그래서 많은 재산을 물려주기보다는 아이들의 인성과 교육을 더욱 중요하게 생각하고 있다.

나뿐만 아니라 부모라면 누구나 자녀들이 행복한 삶을 영위하기를 바랄 것이다. 그렇다면 그들 스스로 노력을 통한 '성취감'을 쌓도록 도와주어야 한다. 그것이 바로 행복의 원천이기 때문이다. 부족함이 있을 때 성취하려는 절실함이 생기고, 절실함이 있을 때 뜨거운 열정과 잠재력을 발휘할 수 있다.

그러나 부모의 재산이 저절로 자기 것이 될 거라는 생각으로 자라게 된다면 그들 스스로 행복해질 수 있는 기회를 빼앗는 것이다. 게다가 부모로부터 물려받은 유산에 대해 진심으로 감사하고 잘 사용하기보다는 그 가치를 모르고 탕진하는 경우를 종종 보게 된다. 그래서 많은 유산은 오히려 독이 될 수 있다.

돈을 가장 가치 있는 일에 쓰기 위하여

재단을 설립하고 사회에 환원하는 것이 보편화되어 있는 미국에 살면서 나도 자연히 기부 문화를 접할 수 있었다. 그래서 1997년 '스티브 김 재단'을 설립하였다. 재단을 설립하고 지금까지 기금을 운용하면서 생기는 수익으로 한국, 중국, 북한, 방글라데시 등 세계 여러 곳에서 지원 사업을 펼치고 있다. 그리고 일부 남겨 둔 개인 재산에서 발생하는 수익도 전부 재단에 넣으며 계속해서 기금을 늘리고 있다.

2000년, 재단을 통해 해야 할 구체적인 일을 찾기 위해 한국에 들렀다. 사회복지를 전공하신 어느 교수님과 함께 아동복지시설과 노인시설 몇 곳을 둘러보았다. 내가 떠날 때만 해도 대부분 가난하고 어려웠기 때문에 고아원 같은 낙후된 시설을 찾아 지원하면 의미가 있을 거라 생각했기 때문이다. 그런데 이러한 시설들은 내가 막연하게 생각했던 열악한 모습이 아니라 시설이 꽤 잘 갖추어져 있었다. 돈을 귀하게 쓰기 위해서는 도움이 절실히 필요한 곳을 찾아야만 했다.

재단을 설립하고 구체적인 사업을 고민하던 중 공부를 잘했음에도 불구하고 다니던 대학을 중도에 포기해야만 했던 누님들 생각이 났다. 나는 장남이라는 이유로 어렵게나마 대학을 마쳤지만 가정 형편 때문에 하고 싶었던 공부를 그만둘 수밖에 없었던 누님들의 상처가 마음에 걸렸기 때문이다. 지금도 경제적 사정으로 인해 학업을 포기하거나 꿈을 접어야 하는 청소년들을 위해서 장학 사업을 하기로 결정했다.

그리하여 2001년, 한국에 '꿈희망미래 재단'을 설립하고 본격적인 장학 사업을 시작했다. 품성이 바르고 역량이 충분한데도 가정 형편이 어려워 진학을 포기하는 청소년들을 찾아 나섰다. 이들이 대학을 마치고 사회에 나와 경제적으로 자립하게 되면 자신은 물론 가족들까지 가난에서 벗어나게 할 수 있으리라 기대했다.

또한, 어려운 환경을 딛고 일어서도록 도움을 주면 그들도 다른 사람을 도울 수 있는 이타적인 마음으로 사회에서 제 역할을 할 것이기에 이보다 더 보람 있고 가치 있는 일은 없으리라 생각한다.

복지 사업도 경영 마인드로

꿈희망미래 재단을 시작하면서 비영리 단체와 접할 기회가 많았다. 내가 만난 대부분의 단체와 기관들이 정부의 제도적 지원을 받지 못해 어려움을 겪고 있었다. 우리 재단은 힘닿는 대로 어려운 단체들을 후원했고 이들과의 만남을 통해 사회복지사업에 대한 시각도 확장할 수 있었다.

그러던 중 서울시 강서구의 한 종합사회복지관이 어려움을 겪고 있다는 사실을 알게 되어 수탁법인 공개모집에 응했다. 새로운 분야인

▲ 꿈희망미래재단 장학생 캠프

만큼 기대도 컸고, 최선을 다해 운영해 보고 싶었다. 종합시설을 관리해 본 경험은 없지만 우리의 진심이 통했는지 2008년부터 수탁운영기관으로 선정되어 현재까지 지속하고 있다.

나는 다른 복지관들과는 차별화된 서비스로 지역 주민들과 만나고자 했고 사회복지사업도 경영 마인드를 가지고 운영해야 한다고 생각했다. 지역에 꼭 필요한 사업이 무엇일까 고심한 끝에 프로젝트 중심으로 조직을 개편했다. 그리고 복지관의 서비스로부터 소외되는 사람들이 생기지 않도록 팀별로 구체적인 목표를 정했다.

"다른 복지관들 하듯이 '사업 나열하기' 식으로 하지 않았으면 좋겠어. 지역 주민이 정말 필요로 하는 서비스가 무엇인지 찾아서 지속적으로 할 수 있다면, 단 몇 가지만 해도 좋아. 우리만의 차별화된 운영을 했으면 좋겠어."

복지 사업도 일반 사업과 마찬가지로 돈과 에너지를 필요 이상으로 분산시킬 것이 아니라 선택과 집중을 통해서 질을 높여야만 한다는 것이 내 생각이다. 그리고 지역 주민들에게 꼭 필요한 서비스를 제공하는 것 못지않게 복지관 직원들의 행복도 중요하다고 생각했다. 그래서 복지관 운영을 맡게 되자마자 직원 사무실의 리모델링 공사부터 시작했다. 밝고 쾌적한 사무실에서 주민들과 여유롭게 소통하기를 바랐기 때문이다.

그리고 직원들의 소리에 귀를 기울이고자 매달 한 번씩 등반을 함께했다. 하산 길에 나누어 마시는 막걸리 한 잔에 우리는 "행복합니다"라고 외치며 건배를 나누었다. 나는 직원들의 행복을 위해서 일하는 사

▲ 복지관 추석행사 후 지역주민들과 함께

▲ 소중한 직원들과 함께 한 행복한 시간

람이 되고 싶었다. 그리고 직원들로부터 나오는 행복 바이러스가 지역 주민에게 퍼지기를 바랐다.

연변 청소년들에게 꿈희망미래를

2001년, 북한 황해도를 방문하기 위해 북경으로 갔다. 북경에서 북한으로 들어가는 비자를 받기로 했으나 비자가 나오지 않아 며칠을 기다려야 했다. 미국으로 다시 갔다 올 수는 없어서 연변으로 가서 백두산을 구경하기로 했다.

연변에 가보니 100만이 넘는 한국 교포가 살고 있었다. 한글로 교육하고 있는 학교가 여러 곳에 있었고 한국말을 사용하고 있다 보니 내게는 한국 사람과 똑같이 보였다. 교포들은 주로 소작농으로 일하고 있었다. 온 가족이 농사일에 매달려도 1년 수입이 100만 원이 채 안 되는데 대학의 1년 학비만 해도 백만 원이 넘게 든다고 했다. 이들이 가난에서 벗어날 길은 공부밖에 없는데 장학 혜택이라고는 전무했다. 문득 '연변에 있는 조선족도 우리 민족인데 이들을 위해서 장학 사업을 하는 것도, 돈을 귀하게 쓰는 길이겠구나!' 하는 생각이 들었다.

그래서 2002년 연변과학기술대학 안에 '꿈희망미래 재단' 사무실을 마련하고 조선족 청소년들을 위한 장학 사업을 본격적으로 시작했다. 연변 사무소 직원들은 매년 신규 장학생을 선발하고자 중국 전역으로 가정방문을 다녔다. 차도 다니지 않는 오지에 사는 아이들을 만나기

▲ 중국 연변의 공동주택

위해 직접 찾아간 것이다.

멀리서 자신들을 돕기 위해 와 준 마음이 너무 고마웠는지, 없는 반찬이지만 극구 밥 한술 뜨고 가라며 상을 차려 내시는 분들이 있는가 하면 "우리를 전혀 알지도 못하는 분이 어떻게 이런 도움을 줄 수 있냐"는 말을 계속 반복하시는 분들까지 우리 재단 사업이 얼마나 소중한지 다시금 깨닫게 되었다.

당시만 해도 조선족 학생들은 부모와 떨어져 사는 경우가 태반이었다. 부모가 돈벌이를 위해 한국이나 외지로 나가면서 자식들을 할머니, 할아버지 손에 맡기기 때문이다. 생활이 워낙 척박한 데다 부모와의 정서적 교감이나 교육을 받지 못하는 아이들이라 장학금을 주는 것만으로는 충분치가 않다. 그래서 직원들은 수시로 아이들에게 전화해서 안부도 묻고 가족처럼 다독이고 보살피는가 하면 아이들에게 꼭 필

▲ 연변 장학생들과 함께 한 여름캠프

▲ 졸업 후 찾아온 연변 장학생과 재단 직원들

요한 것이 무엇인지 늘 고민하며 용기와 희망을 잃지 않도록 최선을
다했다.

매년 여름과 겨울 두 차례씩 장학생들을 위한 캠프를 열었다. 캠프
에 참가하기 위해 중국 전역에서 300여 명의 학생들이 연변으로 모여
드는데, 중국 대륙이 워낙 넓어서 스무 시간이 넘게 기차를 타고 오는
학생들도 있었다.

"그렇게 멀리서 기차 타고 오는 거 힘들지 않니?"

"캠프에 오고 싶어 1년을 기다렸는걸요. 그 기다림에 비하면 스무
시간 기차 타고 오는 건 하나도 힘들지 않아요. 일 없습니다!"

우리 도움이 얼마나 절실한 아이들인지 이 말 한마디로 충분히 짐작
할 수 있었다. 이 아이들은 이런 기회가 아니고서는 캠프나 수학여행
등을 접할 수 없기 때문에 캠프 때마다 큰 설렘으로 참여한 것이다.

나도 그들에게 잊지 못할 추억을 만들어주기 위해 함께 오락을 즐기
기도 하고 어려운 환경을 헤쳐 나가는 데 도움이 되도록 소그룹 멘토
링을 통해 고민과 애로사항들을 가까이서 듣고 조언해 주곤 했다.

북한 주민에게도 꿈희망미래를

LA에서 우연한 기회에 종자 개발의 권위자 김필주 박사님을 만나
게 되었다. 그분은 북한 주민의 식량난을 해결하기 위해 황해도 농장

에 드나들면서 종자를 보급하고 계셨다. 나는 기회만 되면 북한 주민을 돕고 싶었고 미국 시민권이 있었기에 그분을 따라 북한을 세 번 방문할 수 있었다.

북한의 추위는 내가 상상했던 것보다 훨씬 심각했다. 땔감을 구하기 위해 마구잡이로 벌채한 탓에 많은 산이 이미 민둥산이 되어 있었고 땔감을 구하지 못한 주민들은 한겨울을 불도 없이 나고 있었다. 북한 주민들의 생활은 말로 듣던 것보다 훨씬 처참했고 이 사람들이 도대체 어떻게 겨울을 나는지 도무지 알 길이 없었다.

한 학교에 가보니 아이들 모두 여름옷을 입고 오들오들 떨고 있었다. 나는 김 박사님께 제안했다.

"더 추워지기 전에 겨울옷을 사서 아이들에게 입혀야 하지 않을까요?"

"그렇게 할 수만 있다면야 정말 좋지요."

"이 지역 근방에 아이들이 모두 몇 명이나 되죠?"

▲ 추운 10월에 여름 한복을
입고 있는 북한 어린이

▲ 우리가 지원한 겨울옷을 입고
반기는 북한 어린이

"유치원부터 중 · 고등학교까지 합치면 약 5천 명 정도 될 거예요."

나는 서둘러 5천 명에게 입힐 내복과 외투, 신발 등을 중국에서 사서 들여보냈다. 또한, 개울을 건너는 다리가 장마에 떠내려갔는데 이를 복구하지 못해서 아이들이 먼 길을 돌아다닌다는 말을 듣고 다리를 복구시켜 주었다. 그 이후로도 기회가 될 때마다 북한 주민들에게 필요한 비료나 농기구, 트럭 등을 지원했다.

아무리 좋은 일을 하고 싶어도 믿고 맡길 만한 분들을 만나지 못하면 마음대로 할 수가 없다. 내가 직접 나서서 일일이 할 수 없기 때문에 현장에서 책임지고 돌봐줄 사람이 있어야 했다. 북한은 더더욱 그랬다.

다행히 각처에서 사명감을 가지고 헌신하시는 분들을 만날 수 있었다. LA에서 만난 한덕수 교장 선생님은 미국에서 공무원 생활을 하시다 은퇴하시고 중국 도문으로 건너가 두만강 기술학교를 세우신 분이다. 뿐만 아니라 중국 접경에 있는 북한의 나진 선봉지구 안에 빵 공장과 된장 공장을 지어 북한 주민들을 돕고 계셨다.

나는 교장 선생님을 따라 2005년부터 나진 선봉지역을 여러 차례 방문했다. 이곳에 들어가기 위해서는 중국 도문에서 북한 지역의 접경까지 차로 3시간을 가서 세관을 통과해야만 한다. 나진 선봉지역은 경제특구라 다른 곳에 비해 좀 더 개방되었다고는 하지만, 주민들의 생활은 내가 본 황해도 지역과 별반 차이가 없었다. 아주머니, 할머니들이 깡마른 어깨 위로 짐을 메고 하염없이 걸어가는 긴 행렬이 눈에 들어와서 일행에게 물었다.

"저렇게 짐을 짊어지고 도대체 어디를 가는 거죠?"

▲ 장터를 향해 하루 종일 걷는 나진 선봉지역 주민들

"자기 텃밭에서 나오는 물건들을 나진에서 열리는 시장에 팔기 위해
가는 것입니다."

"그곳까지 가는 대중교통 수단이 없어요?"

"아직 없습니다. 그래서 시장까지 가는 길 이틀, 오는 길 이틀을 걸
어서 다닌답니다."

나는 그들이 안쓰럽고 측은하여 견딜 수가 없었다. 어떻게든 하루빨
리 이 사람들에게 도움을 주고 싶었다.

"선생님, 버스 몇 대를 이곳에 들여오면 어떨까요? 지역 주민들에게
큰 도움이 될 것 같은데요."

"회장님, 놀랍습니다. 초행에 어떻게 그런 생각까지 하셨어요?"

"제가 지원할 테니 가능한 대로 빨리 추진해 주세요."

그렇게 시작된 것이 북한의 버스 지원 사업이다. 현장에 가서 눈으로 직접 보았기 때문에, 그들에게 가장 절실한 것이 무엇인지 알 수 있었고 그에 따른 지원도 할 수 있었다. 그러나 북한에서는 쉬운 일이 하나도 없었다. 북한 당국과 협의하는 데만 무려 6개월이 걸렸다. 마침내 2006년, 8대의 버스를 들여보낼 수 있었다.

'라선려객'이라는 북한 운수회사와 합작 형식으로 사업체를 만들고 버스 운행과 유지에 필요한 비용 일체를 우리가 책임지기로 했다. 버스가 없을 때 2~3일씩 걸어서 가던 길이 1일 생활권이 되자 지역 주민들의 생활이 완전히 바뀌었다. 버스 정류장을 중심으로 작은 시장이 생겼고 물물교환도 활발하게 일어났다. 도로 사정이 워낙 안 좋다 보니 타이어의 수명도 짧고 다른 부속품들도 빨리 소모된다. 하지만 지역 주민들의 편의를 위해 한 번으로 그치지 않고 허락될 때까지 꾸준히 지원했다.

그 밖에도 주민들이 자급자족할 수 있는 구조를 만들기 위해 비료 공장도 건설했다. 매년 이 공장에서 생산되는 비료를 가지고 농사를

▲ 8대의 버스 지원

▲ 북한 주민과 함께

▲ 빵 공장 직원들과 함께　　　　　▲ 나진 선봉지역의 비료 공장 착공식

지으면서부터 소출량이 크게 늘었다. 어민들이 배를 수리하면서 어업 활동을 지속할 수 있도록 선박수리 공장도 지원하였다.

북한 평양과학기술대학 안에 빵 공장을 세우고 이곳에서 매일 2,000개의 빵을 만들어서 학생들과 인근의 주민들에게 나누어 주었다. 평양과기대 학생들에게 빵을 지원하는 데는 북한 고아들을 돕는 창구로 삼고자 하는 목적도 있었다. 그래서 수천 명의 고아들이 굶주리지 않도록 책임지겠다는 내 생각을 북한 측에 여러 번 전달했다.

그러나 외국인에게 개방하기로 정해 놓은 몇몇 고아원만 보여줄 뿐, 정작 죽어 가고 있는 아이들은 만나게 해 주지 않았다. 쌀과 밀가루를 주면 자기들이 알아서 먹이겠다는 태도로 일관했다. 워낙 통제된 사회이다 보니 굶주리고 있는 북한 주민들에게 직접 다가가는 것이 쉽지 않았고 자칫하다가는 당 간부의 배만 불리는 일이 될 수 있었다.

직접 지원이 허용되지 않으면 물자들이 어떻게 쓰이는지 알 길이 없다. 언제든 고아원을 방문할 수 있고 믿을 수 있는 사람이 그곳에 거주하면서 운영하고 관리해야만 한다. 북한 아이들이 더 이상 굶주림으로 고통받지 않도록 통일을 염원하고 있다.

먼 곳까지 닿은 사랑의 손길
: 네팔과 방글라데시에서 피어난 꿈

　몇 년째 네팔에서 교육 사업을 하고 있는 '품'이라는 단체의 심한기 이사를 만나게 되어 네팔의 오지를 가보게 되었다. 네팔의 수도 카트만두에서 10시간을 넘게 차를 타고 다시 하루를 더 걸어야 닿을 수 있는 산속 마을이었다.

　세계에서 가장 높은 곳, 지구상에서 가장 가까운 하늘을 만날 수 있는 에베레스트 솔로쿰부 지역의 골라라는 작은 마을에 우리는 도서관을 세웠다. 해발 2,700미터 고지 마을에서 500년 역사상 처음으로 열린 도서관 개관식 행사는 세르파 민족의 전통 방식으로 진행되었다. 마을 주민들과 어린이들이 준비한 환영 행사는 아직까지 생생한 감동으로 남아있다. 쏟아질 듯 촘촘히 하늘에 수놓인 별들을 보면서 야영을 즐기던 그날 밤은 평생 잊지 못할 것이다.

　카트만두에는 세계 각국의 NGO가 들어와 다양한 지원을 펼치고 있다. 그러나 현지인 스스로 운영할 수 있는 능력을 키워 주지 못해서 일회성에 그치며 귀한 자원만 낭비하고 있었다. 그래서 우리는 도서관 건립과 초기 운영만 지원하고 현지인들을 교육하여 자체적으로 운영하게 하였다. 우리 장학금을 받은 다섯 명의 대학생과 현지에서 채용한 두 명의 교사가 지금도 도서관을 잘 운영하고 있다.

　하루는 목포 달리도 교회 이정이 사모님께서 나를 찾아오셨다. 《사명》이라는 책을 건네면서 본인에게 깊은 감동을 준 책이라며 일독을 권했다. 방글라데시에서 20년간 이슬람 선교를 하신 박 목사님의 간증을 기록한 책이었다. 목숨 걸고 시작한 선교 사역이 생생하게 쓰인 책을 읽고 나 역시 큰 감동이 일어 박 목사님께 연락했다.

　"목사님, 제가 오래전부터 북한에 빵 공장을 세워서 영양이 부족한 아이들을 먹이고 있습니다. 방글라데시에도 빵 공장을 세워서 가난한 아이들에게 매일 빵을 먹일 수 있으면 좋겠습니다."

　이렇게 해서 2011년 여름부터 매일 빵 2,000개씩을 만들어 아이들과 교인들에게 나눠주기 시작했다. '스티브 루띠(방글라데시어로 빵을 루띠라 한다)'는 우유와 버터, 계란을 넣어서 맛도 좋고 영양도 풍부하다. 아이들은 이 빵을 먹기 위해 학교와 교회에 빠지지 않고 나온다. 매일 밤 기도에 나오는 수백 명의 성도들도 이 빵으로 허기진 배를 달랜다.

▲ 네팔 도서관 건립 기념식

▲ 해발 2,700m 네팔 솔로콤부
　세워진 꿈희망미래도서관

▲ '스티브 루띠(빵)'을 먹는 아이들

　　2012년 1월 박 목사님의 권유로 방글라데시를 처음 방문했다. 예상
했던 대로 사람이 넘쳐나고 지저분하며 무질서한 나라였다. 교회에서
나를 환영하는 첫 집회가 열렸다. 내가 왔다는 소문을 듣고 수백 명의
주민들과 아이들이 교회로 몰려들어서 나가지도 들어오지도 못할 정
도가 되었다. 가난한 나라에서 태어났다는 이유로 배불리 먹지도 못하
고 제대로 배우지도 못한다고 생각하니 가슴이 뭉클해졌다.

　　이 아이들이 처한 환경은 마치 한국전쟁 후의 우리 모습과 같았다.
당시 우리나라에도 외국 선교단체들이 들어와서 학교를 세우고 교육을
시켰다. 그들의 도움으로 우리가 가난에서 벗어날 수 있었을 것이다.

　　'이 사람들을 절대 빈곤으로부터 벗어나게 하는 길은 교육밖에 없
어. 나도 이곳에 학교를 세우고 이렇게 예쁜 아이들에게 교육을 시켜

줘야겠다'는 다짐을 하게 되었다. 의무교육이 없어 최소한의 학교 교육도 제대로 받지 못하고 심지어 자신의 나이도 잘 모르는 아이들에게 교육을 받게 함으로써 가정과 나라가 회복되리라 기대했다.

나는 한국으로 돌아오자마자 박 목사님을 다시 만나 방글라데시에 학교와 교회를 세울 만한 부지를 알아보라고 했다.

그렇게 해서 2013년 1월 처음으로 놀복, 웃돌칸, 조이뎃풀 세 곳에 학교와 교회가 세워졌다. 더불어 다른 교회에서 하던 후원이 끊겨 문

▲ 나를 환영하기 위해 모인 방글라데시 주민들

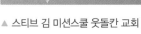

▲ 스티브 김 미션스쿨 웃돌칸 교회

닫을 위기에 있는 몰라텍 학교와 통기의 양로원도 내가 맡기로 했다.

지금 방글라데시에는 어려서부터 믿음으로 자란 80여 명의 스태프들이 학교와 교회에 흩어져서 일하고 있다. 유치원 시절부터 목사님께서 데리고 있던 아이가 지금은 재정을 맡아보는 책임 경리가 되었고, 몰라텍 미션스쿨을 졸업한 아이들이 지금은 선생님이 되어 아이들을 가르치고 있다. 이 모두가 박 목사님께서 방글라데시에서 헌신한 20년의 선교 열매이다.

나눔에도 원칙이 있다

나는 꿈희망미래 재단을 통해 교육, 장학, 지역 복지 등 다양한 사업들을 펼치고 있다. 우리나라뿐만 아니라 중국, 북한, 방글라데시 등 해외 사업도 지속적으로 확장하고 있다. 우리 재단에 대해 알게 된 사람마다 그 많은 사업을 어떻게 해 나가는지 궁금해한다.

나는 돈을 벌 때뿐만 아니라 쓸 때도 '분명한 철학'이 있어야 한다고 생각한다. 돈이라는 것은 양면성이 있어서 잘 쓰면 약이 되지만 잘못 쓰면 독이 될 수도 있기 때문이다. 그래서 재단을 운영하고 여러 지원 사업을 펼치는 데 있어 나름의 원칙을 갖고 있다.

첫째, 물고기를 주기보다 물고기 잡는 법을 가르친다. 물고기를 주면 당장의 배고픔과 결핍을 채울 수는 있다. 그러나 다시 찾아올 배고품을 스스로 해결하기 위해서는 물고기 잡는 법을 알아야 한다. 즉 스스로 자립할 수 있는 기반을 마련하고 교육해야 한다. 그래서 장학 사업을 할 때도 무조건적인 지원은 경계하고 선발부터 관리에 이르는 모든 과정에서 사회복지사와 전문상담사가 심혈을 기울인다. 장학금도 일시 지원으로 하지 않고 매월 또는 학기마다 나누어 지급한다. 단지 경제적 도움만 주는 것이 아니라 지속적인 상담을 통해 진로에 대한 인식을 확장시키고 궁극적으로는 경제적으로 자립할 수 있도록 책임감을 부여한다.

둘째, 돈이 귀하게 쓰이는 곳을 찾는다. 중학교 때 우리 장학생이 되면 고등학교와 대학교를 마칠 때까지 계속 지원하는데, 국내 학생 한 명에게 소용되는 비용으로 중국 연변에서는 5명 정도가 대학까지 마칠 수 있고 북한 아이 한 명이 1년 동안 빵과 우유를 먹을 수 있는 액수이다. 방글라데시에서는 300여 명의 학생들에게 빵과 교복, 그리고 열 명의 현지인 교사 급여를 포함한 2년 운영비가 된다.

이처럼 같은 액수라도 쓰이는 곳에 따라 돈의 가치는 엄청나게 다르다. 따라서 가장 귀한 쓰임새가 무엇인지, 어떻게 해야 가장 의미 있게 쓸 수 있는지 늘 고민한다. 이런 원칙은 사업가로서 체득한 '최대의 효용을 낼 수 있는 투자 마인드'에서 비롯된 것인지도 모른다.

셋째, 끝까지 책임진다. 나는 보여주기식 일회성 자선 활동은 일절 하지 않는다. 북한에 지원하는 버스도 몇 대 사 주고 끝나는 것이 아니라 타이어, 부품 등 정비까지 매년 꾸준히 지원하고 있다. 이렇게 하지 않으면 그 버스는 얼마 못 가 고철 덩어리가 되고 말기 때문이다. 장학 사업도 예외가 아니다. 한 번 우리 재단의 장학생으로 선정되면 큰 어려움 없이 대학 공부를 마칠 수 있도록 지속적으로 지원한다. 끝까지 책임져야 원하는 결과를 얻을 수 있기 때문이다.

넷째, 외형을 불리는 곳에는 투자하지 않는다. 앞서 언급했듯 병원이나 학교를 세우고 많은 돈을 부동산에 묶어두는 식의 사업은 하지 않는다. 내 이름을 알리거나 생색을 내기 위한 사업이 아니라 실질적으로 '사람을 살리는 일'이어야 한다는 것이 확고한 나의 생각이다.

이렇듯 확고한 철학과 원칙이 없으면 매번 결정을 내릴 때마다 고민해야 하고 함께 일하는 직원들이 실무를 판단하고 적용하기가 혼란스러울 것이다. 나는 우리의 도움을 절실히 필요로 하는 곳이 어디일지 끊임없이 고민하고 이를 위해서 사람들 만나기를 주저하지 않는다. 다양한 사람들과 한자리에서 의견을 나누고 의미 있는 일이라는 판단이 서면 즉시 구체적인 지원을 결정한다.

여러 곳에서 동시에 사업들이 진행되고 있지만 추가 지원을 하기에 앞서 반드시 지난 성과를 모니터링하고 구체적인 피드백을 받는다. 니즈를 정확히 파악하고 그에 따른 적절한 범위를 결정해야 낭비 없이 효율적으로 지원을 할 수 있기 때문이다. 이 과정을 통해 새로운 사업 분야를 발굴하는가 하면 더 큰 그림을 그려 나갈 수 있다.

원칙을 적용하다 보면 도와줄 수 없는 경우도 있다. 많은 사람들이 저마다 안타까운 사정들을 호소하며 도와달라는 곳은 넘치는데 내가 전부 도와줄 수는 없지 않은가? 경험에 비추어 보면 돈을 버는 것도 쉽지 않으나 잘 쓰는 것은 그보다 훨씬 더 힘들다.

에필로그

끝없는 도전의 새로운 이정표, 무주 드림연수원

지난 삶을 돌이켜보면, 거의 평생이 분초를 다투며 끊임없이 고민하고 문제해결책을 찾는 과정의 연속이었다. 어느덧 70을 훌쩍 넘기고 여전히 일에 매달리는 내게 '이제는 여유롭게 쉬면서 여행도 하고 건강을 잘 관리하는 것이 최고 아닌가!'라고 얘기하는 사람들이 대부분이다.

그러나 내 아내는, 나에게는 '일'이 '산소'라고 농담을 건네곤 한다. 농담이라고는 했지만 어쩌면 나를 가장 잘 표현한 말일 수도 있다. 아무런 계획이 없는 하루를 견디기 힘들고 한순간도 행복하지 않고서는 못 견디는 사람이다. 사람이든 환경이든 불편한 상황을 그러려니 하고 인내하는 게 아니라 반드시 해결하고야 마는 꽤 까다로운 성격이다. 그러다 보니 늘 호기심을 갖고 '열정을 쏟을 만한 의미 있는 일'을 찾는 데 집중하는 것이고 일 외에는 특별히 흥미를 느끼는 것이 없다.

몇 번에 걸쳐 새로운 사업을 계속 시도하는 과정이 늘 쉽고 순조로

웠던 것은 아니다. 예상치 못한 복병도 여럿 있었고 납득하기 어려운 이유로 진행이 더디어 답답한 적도 많았다. 또 내가 하는 일을 박수 쳐주고 힘을 실어주리라 기대했던 사람들로부터 지지는커녕 오히려 실망한 적도 많았다. 하지만 아직껏 살아온 시간을 뒤돌아보면 내가 계획해서 된 것이 아니라 하나님의 섭리 가운데 모든 것이 이루어졌음을 인정하지 않을 수 없다. 그분의 특별한 사랑이 내 인생 전체를 감싸고 있었음을 깊이 깨닫고 남은 인생도 여전히 그분의 은혜로 평안할 것을 믿고 의지한다.

'무주 드림연수원'은 온 국민의 행복을 바라는 간절한 염원에서 탄생한 곳이다. 그렇기에 이곳에 머무는 동안 아름다운 자연환경, 쾌적한 시설과 더불어 '나'를 돌보는 특별한 여행이 될 것을 의심치 않으며 어른, 아이 할 것 없이 매일매일 행복한 웃음소리가 가득 찰 것을 상상하는 가운데 임직원 모두 최선을 다할 것을 약속한다.

2024년 겨울, 준공을 앞둔 무주 드림연수원을 바라보며

스티브 김